FREUD
UMA INTRODUÇÃO À CLÍNICA PSICANALÍTICA

—

LEONARDO GOLDBERG

FREUD
UMA INTRODUÇÃO À CLÍNICA PSICANALÍTICA

LEONARDO GOLDBERG

Prefácio de
Jean-Michel Vives

70

FREUD
UMA INTRODUÇÃO À CLÍNICA PSICANALÍTICA
© Almedina, 2021

Autor: Leonardo Goldberg

Diretor Almedina Brasil: Rodrigo Mentz
Editor de Ciências Sociais e Humanas: Marco Pace
Assistentes Editoriais: Isabela Leite e Larissa Nogueira
Revisão: Marco Rigobelli

Diagramação: Almedina
Design de Capa: Roberta Bassanetto
ISBN: 9786586618723
Dezembro, 2021

Dados Internacionais de Catalogação na Publicação (CIP)
(Câmara Brasileira do Livro, SP, Brasil)

Goldberg, Leonardo
Freud : uma introdução à clínica psicanalítica / Leonardo Goldberg.
São Paulo : Edições 70, 2021.
Bibliografia
ISBN 978-65-86618-72-3

1. Freud, Sigmund, 1856-1939 – Psicologia 2. Psicanálise I. Título.

21-80836   CDD-150.1952

Índices para catálogo sistemático:

1. Psicanálise freudiana : Psicologia 150.1952

Maria Alice Ferreira – Bibliotecária – CRB-8/7964

Este livro segue as regras do novo Acordo Ortográfico da Língua Portuguesa (1990).

Todos os direitos reservados. Nenhuma parte deste livro, protegido por copyright, pode ser reproduzida, armazenada ou transmitida de alguma forma ou por algum meio, seja eletrônico ou mecânico, inclusive fotocópia, gravação ou qualquer sistema de armazenagem de informações, sem a permissão expressa e por escrito da editora.

Editora: Almedina Brasil
Rua José Maria Lisboa, 860, Conj. 131 e 132, Jardim Paulista | 01423-001 São Paulo | Brasil
editora@almedina.com.br
www.almedina.com.br

PREFÁCIO[*]

DE UMA LÓGICA DA PSICANÁLISE: FREUD E A DEMONSTRAÇÃO DO INCONSCIENTE

JEAN-MICHEL VIVES

Tentar apresentar uma obra como a de Freud não é algo fácil. Por força de sua amplitude, complexidade e da própria natureza de sua estrutura, é grande a tentação de querer dizer «tudo» ou, ao contrário, de defender uma leitura que reduziria Freud a um precursor de Winnicott ou Lacan... É extremamente fácil se perder no labirinto freudiano e não são poucos os que, ao tentarem esse exercício, acabam pagando o preço.

O interessante na obra de Leonardo Goldberg é justamente propor uma cartografia que coloca em evidência, além das importantes remodelações da obra freudiana, uma lógica da psicanálise. É essa lógica[1] que a presente obra consegue fazer surgir. Sua leitura desvela uma tese que pouco a pouco se impõe: o inconsciente não

---

[*] *Tradução*: Ercilene Vita.

[1] Essa lógica é a consequência da proposição de Freud: «Diga o que lhe vem à mente». Regra fundamental conhecida como associação livre que de «Livre» só tem o nome... uma vez que muito rapidamente o analisando encontrará o que faz a própria lógica da psicanálise: a sobredeterminação psíquica que orienta suas escolhas no exato ponto em que este se fantasiava livre e «supervisiona» a formação de seus sintomas como a de seus sonhos.

se mostra, ele se demonstra. É a essa demonstração[2] que o autor se dedica com rigor e modéstia. O inconsciente é uma hipótese, certamente, mas é a hipótese mais «econômica» e mais «elegante» para dar conta de certos fenômenos que aparecem por ocasião dos encontros clínicos e que sem esta hipótese não poderiam ser *articulados*. Não retomarei aqui os desenvolvimentos efetuados pelo autor: eles se sustentam perfeitamente por si mesmos. Neste prefácio, prefiro propor um percurso singular da obra freudiana, evidenciando outras articulações além das escolhidas por Leonardo Goldberg, e colocando também em jogo a lógica da psicanálise. Mostrando, como se isso ainda fosse necessário, que essa lógica da psicanálise é suficientemente consistente a ponto de poder sustentar leituras diferentes.

---

[2] Poderíamos, nesse caso, igualmente entender: uma de-monstração do inconsciente. Ou seja, por um movimento de continuidade do inconsciente e do consciente, o inconsciente perderia sua dimensão de monstruosidade. É o que Freud explica em sua intervenção sobre a transferência nas *Conferências introdutórias à psicanálise*, «É um antagonismo entre poderes, em que um deles alcançou o estágio do pré-consciente e do consciente, e o outro foi retido no estágio do inconsciente. Por isso o conflito não pode ser resolvido; como no famoso exemplo do urso polar e da baleia, os antagonistas nunca se veem frente a frente. Uma decisão verdadeira só pode ocorrer quando estiverem ambos no mesmo terreno. Creio que possibilitar isso é a única tarefa da terapia».
Freud, Sigmund. Conferências introdutórias à psicanálise (1916-1917). Tradução de Sergio Tellaroli. São Paulo: Cia das Letras, 2014, p. 465.
Poderíamos reformular essa proposição freudiana da seguinte forma: Quando um paciente se dirige pela primeira vez a um psicanalista, ele está na posição do urso polar que vigia seu território ainda que desde o momento em que se arrisca a tomar a palavra, escutemos a baleia que tenta se fazer ouvir. Certamente, o psicanalista poderia explicar ao urso polar os sinais emitidos pela baleia. Mas o que um urso polar poderia fazer com o saber sobre os desejos de uma baleia? Esse saber só poderá se revelar e ser aceito em certas condições: quando a repetição transferencial permitir que dele se faça uma identificação e uma interpretação.

A psicanálise: uma posição metodológica singular

Um dos elementos particularmente desconcertantes da prática da psicanálise é que, contrariamente a todas as psicoterapias, sua dimensão terapêutica está ligada, no momento dos encontros com o paciente, a uma suspensão da questão da cura. Ainda que esta continue como uma das apostas do encontro com o paciente, ela não é o que é diretamente visado. Freud assim afirma em 1923, em um momento em que a técnica psicanalítica já se encontrava bem estabelecida:

> "A remoção dos sintomas não é buscada como objetivo especial, mas resulta quase como um ganho secundário no correto exercício da análise"[3].

O que será radicalizado por Lacan em 1955, quando este afirma: a cura vem como algo por acréscimo. Essa fórmula, que se tornou como que um encantamento para alguns psicanalistas, foi frequentemente mal-entendida. No entanto, a proposição lacaniana é precisa.

> "Assim, se admite a cura como um benefício adicional do tratamento psicanalítico, ele se precavém contra qualquer abuso do desejo de curar (...)"[4].

Essa posição será relembrada, reafirmada e explicitada em 1962 no Seminário sobre a angústia:

> "Lembro-me de ter provocado indignação (...) ao dizer que, na análise, a cura vinha por acréscimo. Eles viram nisso não sei que

---

[3] Freud, S. *"Psicanálise" e "Teoria da Libido"* (1923) in Psicologia das massas e análise do eu e outros textos. São Paulo: Cia das Letras, 2011, p. 266

[4] Lacan, Jacques. *Variantes do tratamento-padrão* (1955) in Escritos. Tradução Vera Ribeiro. Rio de Janeiro: Jorge Zahar, 1998, p. 327

desdém por aquele de quem nos encarregamos e que está sofrendo, quando eu falava de um ponto de vista metodológico. É certo que nossa justificação, assim como nosso dever, é melhorar a situação do sujeito"[5].

O princípio é claro: o psicanalista não se prende ao desaparecimento do sintoma, entretanto os efeitos da cura não lhe são indiferentes. Freud, em 1923, reivindicava claramente essa dimensão na definição que dava à psicanálise.

"PSICANÁLISE é: 1) um procedimento para a investigação de processos psíquicos que de outro modo são dificilmente acessíveis; 2) de um método de tratamento de distúrbios neuróticos, baseado nessa investigação (...)"[6]

Durante esse tratamento, trata-se, como Lacan propõe de forma judiciosa, de conduzir a posição do sujeito a uma melhora. O que orienta o ato do psicanalista é a análise das produções provenientes do inconsciente do paciente: sonhos, sintomas, atos falhos, lapsos... É esse trabalho que possibilitará o aprimoramento da posição do sujeito e consequentemente o desaparecimento ou a reorganização dos sintomas. É isso que é possível entender a partir da formulação «por acréscimo». E isso não é específico ao tratamento dos neuróticos, ainda que Freud pareça limitar em 1923 seu método terapêutico a esse campo. Com efeito, por exemplo, mesmo se as formações do inconsciente não são operacionais na clínica do autismo, a abordagem terapêutica se revela igualmente adaptada ao cuidado de uma pessoa que apresenta

---

[5] Lacan, J. *O seminário, livro 10: A angústia* (1962-1963). Texto estabelecido por Jacques-Alain Miller. Tradução de Vera Ribeiro. Rio de Janeiro: Zahar, 2005, p. 67

[6] Freud, S. "Psicanálise" e "Teoria da Libido" (1923) in Psicologia das massas e análise do eu e outros textos. São Paulo: Cia das Letras, 2011, p. 245

sintomas autistas. Isso implica somente uma «metodologia» – para retomar o termo de Lacan – diferente. Nesse caso, o trabalho não consiste em decifrar, por meio da interpretação, o que o inconsciente teria criptografado. O sintoma deve ser considerado testemunha da «posição do sujeito» e devemos trabalhar com ele[7].

A partir de então, a psicanálise não poderia ser um protocolo que se aplica a todos, mas um dispositivo reinventado, para cada um, pelo psicanalista. Essa é muito provavelmente, a proposição mais surpreendente oferecida pela psicanálise: o sintoma é ao mesmo tempo o que sobrecarrega o paciente e que o faz sofrer, mas também o testemunho de uma manifestação subjetiva e, nesse sentido, levá-lo em consideração é a «estrada real» que conduz à aproximação da «posição do sujeito».

Para o jovem analista, certamente, às vezes pode parecer difícil fazer o paciente ou seus pais entenderem que o sintoma de que o paciente sofre, às vezes dolorosamente, não será diretamente tratado no âmbito do tratamento – como poderiam fazer acreditar os TCC ou a maior parte das abordagens psicoterapêuticas – mas que o próprio trabalho do tratamento, ou dizendo mais propriamente, a própria análise, permitirá a maior parte do tempo vê-lo desaparecer. É o que nomeei como a lógica da psicanálise que, de fato, exclui qualquer outra abordagem pois essa posição metodológica singular[8] defendida por Freud e seus continuadores é baseada em uma compreensão original do sintoma.

---

[7] Orrado I., Vives J.-M. (2021) *Autismo e mediação. Bricolar uma solução para cada um*. Sao Paulo, Aller.

[8] Posição bem diferente da posição médica que, ela sim, visa a atacar o sintoma com o objetivo de erradicá-lo. Quando se trata de dores atrozes ligadas a uma peritonite, ficamos muito satisfeitos com a posição médica que visa a erradicar o sintoma o mais rapidamente possível...

Do estatuto do sintoma em psicanálise: formação de compromisso e lugar de gozo

Dois pontos são aqui essenciais para compreender a lógica do método psicanalítico:

1) Em psicanálise, o sintoma é concebido no campo da neurose como uma formação de compromisso entre o desejo inconsciente e a impossibilidade de sua realização. Dizendo de outra forma, o sintoma é a tentativa de encontrar um improvável equilíbrio entre um interdito proveniente do eu e um movimento pulsional recalcado que tenta se fazer representar e encontrar a via de sua realização. O sintoma, a partir daí, como o Arlequim servo de dois mestres de Goldoni[9,] tenta satisfazer duas injunções antinômicas e contraditórias: "Goze!" e "Não goze!". Essa concepção do sintoma emerge muito cedo em Freud. Assim, em suas discussões com Wilhelm Fliess, quando a psicanálise emergia pouco a pouco e a duras penas do método catártico[10], Freud dá o exemplo de um

---

[9] Goldoni C. (1745) *Arlequin, serviteur de deux maîtres* [Arlequim, servidor de dois amos]. Comédia em três atos. Servir dois amos ao mesmo tempo sem que nem um nem outro disso se apercebam é o desafio que Trufaldino se impôs. Para realizá-lo, o ingenioso valete inventa um clone de si mesmo, perturba as relações amorosas de seus mestres, recebe uma dose dupla de golpes, mas triunfa no final. Simples esquete em 1745, em seguida peça completa em 1753, *Arlequin, serviteur de deux maîtres* [Arlequim, servidor de dois amos é uma das obras mais famosas de Carlo Goldoni.

[10] O método catártico é descrito por J. Breuer e S. Freud em 1895 nos *Estudos sobre a histeria*. Ele prenuncia alguns pontos da psicanálise, mas ainda não comporta o que fará a especificidade do método freudiano: a análise das defesas e o trabalho transferencial. Esse método de psicoterapia consiste em encontrar as coordenadas do aparecimento do sintoma de forma a permitir sua revivescência bem como a descarga dos afetos ligados à situação dolorosa, permitindo a sua ab-reação. Seria o caso, graças à hipnose, de encontrar como o sintoma surgiu. O efeito terapêutico buscado é o da purgação, daí o termo catarse. Nesse momento do desenvolvimento da obra freudiana, o sintoma

caso em que interpreta o sintoma de vômito como a expressão de um fantasma de gravidez. Os vômitos seriam ao mesmo tempo a realização do fantasma, e, portanto, a realização do desejo de gravidez, mas também, a punição efetiva por essa realização.

"O sintoma é a realização do desejo do pensamento recalcador (...). Essa chave abre muitas portas. Você sabe, por exemplo, porque X. Y. sofre de vômitos histéricos? Porque, na fantasia, ela está gravida, porque é tão insaciável que não consegue suportar ser privada de ter um bebê também de seu último amante na fantasia. Mas também se permite vomitar porque, desse modo, ficará faminta e amaciada, perderá sua beleza e não será atraente para mais ninguém. Portanto, o sentido do sintoma é um par contraditório de realizações de desejo"[11].

---

ainda não é essencialmente percebido como uma formação de compromisso, mas sobretudo como o resultado de afetos bloqueados. Podemos observar que numerosas psicoterapias atuais, a maioria na verdade, continuam a funcionar dentro desse modelo pré-psicanalítico. Aliás, é essencialmente esse modelo pré-analítico que o cinema americano popularizou justamente sob o nome de psicanálise. Lembremos os magníficos filmes de Alfred Hitchcock como, por exemplo, *La Maison du Docteur Edwardes* [Quando fala o coração] (*Spellbound*, 1945) ou *Pas de Printemps pour Marnie* [Marnie, confissões de uma ladra] (*Marnie*, 1964) que apresentam o desenvolvimento de uma psicanálise sob o modelo: sintoma – reminiscência – lembrança – cura, que é claramente o do método catártico e tem muito pouco a ver com a psicanálise. Seria por isso que a psicanálise americana, que valentemente resistiu à peste freudiana, reduziu-se muito rapidamente a uma psicologia adaptativa do eu, bastante distante do corte cirúrgico realizado pela perturbadora, e mesmo escandalosa, lógica psicanalítica revelada por Freud?

Breuer, Joseph; Freud, Sigmund (1895). *Estudos sobre a histeria*. In: Obras completas, volume 2. São Paulo: Companhia das Letras, 2016. Remetemo-nos mais especificamente ao capítulo «A psicoterapia da histeria» (p. 358-428) que desenvolve o método catártico.

[11] Freud S. (1887-1904) *A correspondência completa de Sigmund Freud para Wilhelm Fliess*. Jeffrey Moussaieff Masson; tradução de Vera Ribeiro. Rio de Janeiro: Imago, 1986.

Esse exemplo é retomado e desenvolvido alguns meses mais tarde na obra que marcará o nascimento da psicanálise, *A interpretação dos sonhos* (1899-1900). Nela, Freud mostra ainda mais claramente essa dimensão de compromisso entre o desejo e sua interdição própria à criação do sintoma.

"Numa de minhas pacientes, o vômito histérico mostrou ser, de um lado, a realização de uma fantasia inconsciente da puberdade, o desejo de estar continuamente grávida, de ter inúmeros filhos, ao qual depois se acrescentou: do maior número possível de homens. Esse desejo irrefreado suscitou um forte impulso de defesa. E, dado que os vômitos podiam levar à perda da forma física e da beleza, de modo que ela não mais agradaria aos homens, o sintoma convinha também aos pensamentos punitivos e, sendo admitido pelos dois lados, pôde se realizar"[12].

2) Essa dimensão permite compreender que se o sintoma é fonte de sofrimento, ele também pode ser fonte de gozo. É importante aqui, para não se concluir erroneamente, distinguir prazer e gozo, que não são sinônimos em psicanálise. O gozo não é forçosamente fonte de prazer. Como habilmente revela o sutil Émile Littré em seu dicionário: pode-se também "gozar de sua dor")[13]. Assim podemos compreender que o termo gozo

---

[12] Freud, S. (1900) *A interpretação dos sonhos*. Tradução de Paulo César de Souza. São Paulo: Cia. Das Letras, 2019, p. 570

[13] «Gozar, implicando uma satisfação, não se diz sobre as coisas ruins. [...] Entretanto, quando a coisa ruim de que se trata, seja ela, infelicidade, dor, sofrimento, pode ser, por uma habilidade do escritor, considerada como algo de que a alma se satisfaça, então o termo "gozar" acaba sendo muito bem empregado: [...] "Je t'ai perdi; près de ta cendre/ Je viens jouir de ma douleur." ("Eu te perdi; perto de tuas cinzas/ Venho gozar de minha dor.") *Saint-Lambert*, Épitaphe d'Helvétius» [*Saint-Lambert*, Epitáfio de Helvétius], Littré É. (1877) *Dictionnaire de la langue française* [Dicionário da língua francesa], termo «Jouir».

é portador de uma ambiguidade marcada bem antes que a psicanálise a encontrasse em meio ao próprio tratamento. Gozo designa nesse caso tanto o excesso de prazer, a satisfação muito intensa, quanto o sofrimento resultante de uma excitação interna prolongada que tem como consequência a de perturbar o frágil equilíbrio visado pelo princípio do prazer. Assim, esse termo é propício para significar tanto a satisfação pulsional quanto o sofrimento do sintoma. A esse respeito, Freud relembra que

"Há muito de estranho nesse tipo de satisfação que o sintoma propicia"[14].

A clínica nos mostra cotidianamente que pode existir uma satisfação ligada ao sintoma, o que não é nada evidente – os analisandos frequentemente descobrem isso com estupefação[15] ainda que o pressintam de uma forma obscura. Essa satisfação paradoxal pode ser ilustrada por uma situação que as assistentes sociais, que atuam no campo da reinserção de pessoas sem domicílio fixo, frequentemente enfrentam.

Como no caso de um apartamento, enfim recebido por uma jovem que vivia na rua há vários anos, depois de longas e difíceis providências, Ela se muda para ele e depois de alguns dias, sem compreender por quê, volta para a rua, apesar do espanto e do desespero da assistente social.[16] "Eu não consigo. É mais forte do que eu.", dirá essa jovem uns dias mais tarde à assistente social que a encontra, de novo, instalada embaixo da marquise em que

---

[14] Freud, Sigmund. Conferências introdutórias à psicanálise (1916-1917). Tradução de Sergio Tellaroli. São Paulo: Cia das Letras, 2014, p. 465, p. 395.

[15] Os bem conhecidos «benefícios secundários» da doença que permitem que o sujeito escape de uma situação que ele não se sente capaz de administrar são uma das facetas mais passíveis de serem reconhecidas pelo analisando.

[16] Vives J.-M. (2012) "Do mal dito a uma ética do bem dizer : um percurso analítico", *A voz na clínica psicanalítica*. Rio de Janeiro, Contracapa, p. 30-39.

morava há vários anos. Essa situação nos confronta violentamente com o fato de que o sujeito não busca forçosamente o que nos pareceria melhor para ele. E se faz incompreensível fora da psicanálise. Somente a lógica oferecida pelo modelo freudiano consegue fornecer uma compreensão. A resposta trazida pela teoria freudiana é a de que essa usuária dos serviços sociais que desejava e demandava uma moradia parecia não poder concordar com o desejo do sujeito que não pode habitar esse espaço proposto. Nesse caso, a psicanálise nos permite aventar a possibilidade de que o que o eu demanda não é forçosamente o que Eu desejo... Proposição tão perturbadora e escandalosa quanto podemos compreender ao diferenciar o sujeito do enunciado (o eu que pede um abrigo: "eu quero sair da rua") e o da enunciação (que não pode fazer isso: "eu não consigo"). O eu que demanda não é aqui o mesmo que o do desejo inconsciente.

É exatamente porque o sintoma possui uma face infiltrada pelo gozo, que podemos compreender que o paciente, pode, nesse caso, ter mais do que razão. O "É mais forte do que eu" – tão frequentemente encontrado no paciente diante do absurdo da manifestação sintomática – dá um testemunho disso. O que seria mais forte do que esse "eu" que se gostaria senhor em sua própria casa e que, entretanto, se percebe sobrecarregado por todos os lados pelos atos compulsivos, pensamentos iterativos, esquecimentos que lhe são estranhos e que, entretanto, ele precisa efetivamente reconhecer como seus?

Da indicação do tratamento

A possibilidade de se reconhecer implicado por seu sintoma é provavelmente um dos elementos mais importantes que permitem considerar o engajamento em relação ao tratamento. O trabalho psicanalítico implica, contudo, que o paciente, além deste "é mais forte do que eu", perceba que isso tem algo a ver com ele e que, portanto, estabeleça as condições que lhe permitam compreender em quê ele está implicado em seu sintoma. Pois se isso "é mais forte do que eu", isso não quer dizer em contrapartida, que "eu não tenho nada a ver com isso". Essas duas formulações implicam duas instâncias que são o Eu (Moi) em parte consciente – que gostaria de ser forte e independente e que, entretanto, se vê frequentemente sobrecarregado – e o Sujeito (Je), o sujeito inconsciente do desejo, ao qual só temos acesso por meio das formações do inconsciente: os sonhos, os lapsos, os esquecimentos, os atos falhos e os sintomas. A psicanálise permite diferenciar essas duas instâncias e mostra como o que é querido pelo Eu (Moi), não é necessariamente desejado pelo sujeito. "Eu é um outro" já nos advertia Arthur Rimbaud. A dimensão de compromisso do sintoma que havíamos realçado anteriormente poderia ser compreendida a partir daí como o que tenta conciliar o desejo do sujeito e as limitações do Eu.

É na *identificação* dessa possibilidade de percepção por parte do paciente de que o que "dá errado" lhe concerne que a, ou as primeiras sessões, ditas preliminares, serão consagradas. Na verdade, se o paciente neurótico é frequentemente esmagado pela *culpa*, é conveniente identificar em quê ele pressente que, além desse "universo mórbido da culpa"[17], ele pode também se reconhecer responsável pelo sintoma que o constrange. Dessa forma, o trajeto possível de uma análise poderia ser esquematizado pelo abandono da culpa *em favor* da responsabilidade.

A psicanálise, convém repetir, não é um protocolo que se aplica, mas um dispositivo posto em prática pelo psicanalista, que implica em um processo ativo por parte do paciente. Insistindo nessa dimensão, Lacan substitui o termo "analisado" antes usado regularmente, pelo termo "analisante". Particípio presente que

---

[17] Hesnard A. (1949) *L'univers morbide de la faute* [O universo mórbido da culpa]. Paris, P.U.F.

insiste sobre a dimensão do trabalho que se faz, exatamente onde o termo "analisado" insistia em uma certa *tendência apassivadora*. A partir de então, a psicanálise, contrariamente ao que se poderia acreditar, não é de forma alguma uma empreitada de desculpabilização ou de desresponsabilização – "Não é sua culpa" – mas a confrontação – sabiamente adiada, como nos dirá Freud[18] – entre o desejo que anima o sujeito e a consequente tomada de posição.

Da transferência: ou como transformar um obstáculo em alavanca

No ponto em que a hipnose utilizada no princípio por Freud, e em grande parte pelo método catártico, permitia contornar de maneira eficaz as resistências e autorizava uma rememoração fluida, o método psicanalítico vai posicionar essa confrontação com a resistência e as dificuldades daí provenientes no próprio centro de sua metodologia. Isso será feito a partir do que Freud chamou de transferência. Entretanto, isso não ficou imediatamente evidente para o pai da psicanálise que ao trocar a hipnose pela livre associação – que consiste em dizer tudo o que vem à mente e que revela a lógica da psicanálise – pensava se livrar da dimensão «mística» e às vezes não controlável da hipnose. Qual não foi sua decepção quando este elemento místico refez sua aparição com a transferência, a ela adicionando ainda a perda da facilidade do acesso ao que foi recalcado. Freud, não escondendo de modo algum sua decepção, declarou em 1917 na obra *Conferências Introdutórias à Psicanálise*:

---

[18] «O enredo da peça consiste em nada mais do que a revelação progressiva e engenhosamente retardada – semelhante ao trabalho de uma psicanálise – de que o próprio Édipo é o assassino de Laio e filho do assassinado e de Jocasta». Freud, S. (1900) *A interpretação dos sonhos*. Tradução de Paulo César de Souza. São Paulo: Cia. Das Letras, 2019, p. 274

"Quanto maior for a nossa experiência, tanto menos poderemos nos opor a essa correção, que envergonha nosso rigor científico (...) A esse fato novo, que reconhecemos a contragosto, demos o nome de *transferência*."[19]

Onde Freud esperava, a partir da regra da associação livre, uma rememoração no estilo do antigo modelo elaborado durante a sua prática da hipnose, ele se vê confrontado a uma atuação, no âmbito das sessões, de um passado que se presentifica. Onde a hipnose e o método catártico permitiam distinguir facilmente passado e atualidade do encontro, a transferência desenha um palco em que se representa novamente, na repetição e na atuação, sem que o paciente saiba, os protótipos relacionais realizados pelo paciente com seus objetos primordiais.

"(...) podemos dizer que o analisando não se lembra de mais nada do que foi esquecido e recalcado, mas ele atua com aquilo. Ele não o reproduz como lembrança, mas como ato, ele repete sem, obviamente, saber que o repete (...). Enquanto ele permanecer em tratamento, ele não se libertará mais dessa obsessão da repetição; enfim, entendemos que esse é o seu modo de lembrar"[20].

Freud precisou de um pouco de tempo e de muita coragem – o "enfim, entendemos" da citação precedente nos mostra suficientemente – para reconhecer o fato de que esse laço que une psicanalista e analisando longe de ser um entrave é a própria alavanca da cura.

Essa relação transferencial não é específica à relação analítica – nós a encontramos também nas relações entre professor/

---

[19] Freud, S. *Conferências introdutórias à psicanálise* (1916-1917). Tradução de Sergio Tellaroli. São Paulo: Cia das Letras, 2014, pp. 474-475

[20] Freud, S. (1914) Lembrar, repetir e perlaborar. In Fundamentos da clínica psicanalítica. Tradução de Claudia Dornbusch. Belo Horizonte: Autêntica Editora 2017, pp. 154-155

aluno, patrão/empregado .... – mas a posição de neutralidade benevolente[21], própria ao analista, permite revelar que, além do psicanalista, esses movimentos afetivos que aparecem durante o tratamento – movimentos amorosos e/ou de ódio – se dirigem a figuras da infância incarnadas sucessivamente pelo analista. Suportar a transferência a partir daí consiste em aceitar *ser tomado por, sem se tomar por*. É sobre esse palco da transferência que deverão ser representados novamente – através do que Freud qualifica de neurose de transferência, "neurose experimental" que aparece durante o tratamento – os "modos permanentes pelos quais ele (o sujeito) constitui seus objetos"[22].

É essa repetição inconsciente que permitirá identificar, pouco a pouco, como o sujeito se constituiu em sua relação com os outros primordiais. A transferência não é, entretanto, uma pura repetição da situação original. Na verdade, a demanda de tratamento já é um início de tomada de consciência de que algo "não funciona" e se repete na vida do sujeito. A demanda de tratamento é, portanto, uma tentativa de frear essa repetição vivenciada até então. A partir daí, os sintomas, ainda que repetidos, são questionados

---

[21] Essa formulação um tanto quanto paradoxal que não encontramos dessa forma na obra de Freud tornou-se tradicional para definir a atitude do psicanalista no momento do encontro. Em seu texto de 1912, *Recomendações ao médico para o tratamento psicanalítico*, Freud dá um exemplo do que poderia ser essa atitude, aconselhando os psicanalistas a se protegerem da soberba terapêutica e da soberba educativa: o clínico deverá evitar tanto quanto possível qualquer intervenção que possa estar no campo da sugestão.

«Sou insistente em recomendar aos colegas que no tratamento psicanalítico tomem como exemplo o cirurgião, que coloca de lado todos os seus afetos e até a sua compaixão humana e estabelece um único objetivo para as suas forças psíquicas: realizar a operação o mais perfeitamente possível».

Freud, Sigmund. (1912) *Recomendações ao médico para o tratamento psicanalítico*. In Fundamentos da clínica psicanalítica. Tradução de Claudia Dornbusch. Belo Horizonte: Autêntica Editora 2017, p. 98.

[22] Lacan J. (1951) Intervenções sobre a transferência (1951) in Escritos. Tradução Vera Ribeiro. Rio de Janeiro: Jorge Zahar, 1998, p. 224

e examinados de uma outra maneira, não são mais simples repetições, mas também variações em torno de um mesmo problema, de uma mesma matriz que influencia a vida do sujeito. É a análise da transferência que permitirá passar da repetição do fracasso que caracteriza a neurose ao fracasso da repetição que permite sair da neurose. A transferência se revela então segundo os termos de Freud como sendo ao mesmo tempo resistência e alavanca do tratamento.

Fim e/ou finalidade do tratamento psicanalítico

A questão do fim (e finalidade) do tratamento é uma questão que agitou o microcosmo analítico: Freud a ela consagra um artigo ao final de sua vida, em 1937, *A análise finita e a infinita*[23]. Nessa ocasião, ele define o que se pode entender como "fim da análise".

"Na prática, é fácil determinar isso. A análise termina quando analista e paciente não mais se encontram para o trabalho analítico. Eles assim agirão quando duas condições forem cumpridas aproximadamente: a primeira, o fato de o paciente não sofrer mais com os sintomas e ter superado as suas angústias e suas inibições; a segunda, o fato de o analista julgar que tantas coisas recalcadas se tornaram conscientes para o paciente, tantas coisas incompreensíveis foram esclarecidas, tantas resistências interiores foram vencidas, que não se precisa temer a repetição dos processos patológicos a ela relacionados"[24].

---

[23] Freud, S. (1937) *A análise finita e a infinita*. In Fundamentos da clínica psicanalítica. Tradução de Claudia Dornbusch. Belo Horizonte: Autêntica Editora, 2017

[24] Freud, S. (1937) *A análise finita e a infinita*. In Fundamentos da clínica psicanalítica. Tradução de Claudia Dornbusch. Belo Horizonte: Autêntica Editora, 2017, pp. 319-320

Como podemos ver, Freud no final de sua obra não reduz o final do tratamento analítico ao desaparecimento do sintoma. De fato, os consultórios de analista estão repletos dessas curas "miraculosas" que veem o sintoma ceder desde a primeira entrevista: o paciente se preocupa suficientemente com sua neurose a ponto de abandonar seu sintoma – como a lagartixa com seu rabo... – para não ter que se confrontar com esse saber não sabido que o inconsciente constitui[25]. Para eventualmente umas semanas mais tarde encontrar um novo.

Se não é a cura que marca o fim do tratamento, o que é então? É aqui que pode ser esclarecedor introduzir a ideia de finalidade do tratamento.[26] *"Aprimorar* a posição do sujeito", para retomar a formulação de Lacan, poderia ser a finalidade do tratamento. Essa melhora passa eventualmente pelo desaparecimento do sintoma ou por uma modificação da posição de sujeito em relação a ele.

Vemos aqui que a psicanálise não promete nem a felicidade nem forçosamente um desaparecimento de todo sofrimento. Ela propõe uma experiência – etimologicamente *ex-periri*, a travessia de um perigo – de uma simplicidade desconcertante e de uma terrível singularidade que permitirá, àquele que se arrisca, viver os sofrimentos da transferência. O sujeito que se confronta com essa travessia do perigo corretamente conduzida não sairá ileso: à sutura do sintoma e à submissão às injunções do supereu, ele poderá fazer a escolha de preferir a abertura ao desconhecido e a insistência do desejo.

---

[25] O urso vigia e não quer saber absolutamente nada sobre a baleia. Prefere renunciar momentaneamente a seu sintoma a ter que se confrontar com o inconsciente.

[26] Vives J.-M. (2006) «Forma e figura da transferência», *Lacan e a formação do psicanalista*, Coutinho Jorge M.-A. (editora) Rio de Janeiro, Contra Capa, Brasil, 121-130.

A formação dos analistas

A questão da formação analítica é de grande complexidade e foi objeto de discussões muitas vezes violentas que culminaram em cisões em que o no grupo criado colocava em prática novas modalidades de formação...

Podemos facilmente compreender a dificuldade ligada à formação dos analistas a partir do fato de que esta é essencialmente uma transmissão pela experiência analítica. A psicanálise, ao contrário dos TCC e da EMDR, não é um dispositivo padronizado e, portanto, reproduzível de forma idêntica, independentemente do analista: a dimensão subjetiva – no sentido de consideração do sujeito e não do que deixa uma parte excessiva às opiniões pessoais – lhe é, portanto, importante e infiltra o processo de formação. Entretanto, se existem divergências em relação ao que possibilita ao candidato poder praticar a psicanálise, todas as escolas concordam ao menos em relação à necessidade, para um futuro analista, de ele próprio ter tido a experiência da psicanálise, enquanto analisante. Essa exigência, que apareceu muito cedo na história da psicanálise, revelou-se insuficiente e, então, a ela se juntaram o ensino e o controle (situação em que o psicanalista vai falar a respeito de seus casos a um colega). Essa forma será codificada, assim como a elaboração de um ensino que visa a pensar a transmissão da psicanálise da forma mais rigorosa possível, com a criação em 1910 da Associação Psicanalítica Internacional. Um percurso necessário de estudos da psicanálise foi criado, e com ele, somando-se à análise do candidato à analista – condição *sine qua non* para qualquer prática analítica –, a prática sistematizada da "análise de controle". O dispositivo codificado da análise de controle aparece com a fundação do Instituto de Berlim que servirá de modelo aos que serão criados em seguida.

No relatório de Eitingon de 1920 sobre o funcionamento da Policlínica de Berlim o termo «controle» foi usado pela primeira vez para designar a supervisão que se exerce sobre os tratamentos conduzidos pelos analistas iniciantes.

"Confiamos aos estudantes que já estão avançados nos estudos teóricos e em sua análise pessoal, um ou vários casos que tivemos em consulta e que convém a iniciantes, e deixamos esses jovens analistas experimentarem-se sozinhos. Por meio de anotações detalhadas que os estudantes devem redigir, seguimos de perto os analisados e podemos detectar facilmente uma série de erros que o analista inexperiente acaba cometendo. (...) Protegemos os pacientes que são confiados aos iniciantes, por meio do controle que exercemos sobre o tratamento, sempre prontos a retirar o caso do estudante para continuarmos nós mesmos o tratamento..."[27].

Podemos nos espantar com o caráter particularmente autoritário da concepção que aqui se desenha no que concerne à formação e ao acompanhamento dos jovens analistas. Entretanto, se Freud havia introduzido em algum momento da história da psicanálise[28], a ideia de que não é suficiente ter sido analisado para se tornar analista, ele também introduziu, para completar essa primeira experiência, a noção de formação (*Ausbildung*), formação mais próxima da ideia de interrogação do que de uma noção de modelo. Na noção de formação prenunciada por Freud estava presente uma preocupação com o companheirismo, a necessidade de ajudar o sujeito a se liberar de identificações muito alienantes com o analista e de todo supereu institucional. A formação não implicava na duplicação, no modelo. Ora, como podemos ver no

---

[27] Eitingon M., (1920) Rapport de la policlinique de Berlin [Relatório da policlínica de Berlim], citado por M. Moreau, «Analyse quatrième, contrôle et formation» [Análise quarta, controle e formação], *Topique* [Tópica], n° 18. 1977, p. 78-85.

[28] Freud S. *A questão da análise leiga* (1926) In Fundamentos da clínica psicanalítica. Tradução de Claudia Dornbusch. Belo Horizonte: Autêntica Editora, 2017

relatório de Eitingon, muito rapidamente, a noção de modelo prevaleceu. E sabemos, esse tipo de relação não é muito analítico. Na verdade, poderíamos inclusive dizer que ele é profundamente anti-analítico, pois esta prática ao implicar na conformidade a um modelo introduzido, postula, favorece e institui uma relação de alienação. Ora, a alienação é – ou deveria ser – o oposto da análise. Lembremo-nos que Lacan pôde definir a psicanálise como uma "profilaxia da dependência"[29].

A prática da supervisão dos tratamentos, longe de ser o meio pelo qual o jovem analista é controlado, até mesmo teleguiado, deveria se revelar como sendo na verdade o espaço em que os enigmas continuam a guardar seu poder de provocação, em que continuam a efetuar seu trabalho de questionamento. Compreendemos então como ela é uma modalidade de luta contra o esquecimento, uma maneira de continuar a interrogar o que foi duramente conquistado no divã e o que, em um dispositivo diferente, permite ao analista continuar analista e analisante em seu estilo e em seu pensamento. Os *dispositivos* de controle aparecem então menos como institucionais do que "insistêncionais"[30] – e aqui retomo o neologismo proposto por Alain Didier-Weill[31] – para chamar nossa atenção para o fato de que onde a instituição psicanalítica pode *apoiar com* muita eficácia os poderes da censura, uma forma de encontro pode, ela sim, dar ao sujeito a possibilidade de insistir – daí o "insistêncional".

---

[29] Lacan, J. *O seminário, livro 7: a ética da psicanálise* (1959-1960). Texto estabelecido por Jacques-Alain Miller. Tradução de Antonio Quinet. Rio de Janeiro: Zahar, 2008, p. 21

[30] N.do T.: O autor aqui recupera o neologismo de Didier-Weill, que associa a palavra "insistência" à palavra "instituição". O acento circunflexo foi mantido para fazer ler mais facilmente a noção de "insistência". Por esse motivo, nesse caso, optamos por uma quebra das regras de acentuação.

[31] Didier-Weill A. (2018) «Pour un lieu d'insistance» [Por um lugar de insistência]. *Insistance* [Insistência] n° 15. Toulouse, Eres. p. 19-31.

O trabalho do controle, como o trabalho analítico consiste então em supor no outro a existência de um sujeito «em possibilidade» de responder ao "seja idêntico!" da censura institucional, com um "eu me reconheço discípulo e, portanto, em débito, mas também *capaz* de falar em nome da descoberta realizada ao longo de minha análise e que me anima", de essência eminentemente simbólica.

Esses elementos indicam mais uma vez a especificidade da lógica da psicanálise até na formação dos psicanalistas. Especificidade que lhe dá a sua força, mas também sua fraqueza. Força pelo fato de que a psicanálise não será jamais o *prêt-à-porter* da psicoterapia: a transmissão da psicanálise não é a duplicação de um modelo, mas a apropriação de um saber e de uma técnica que "condena" o analista, como nos lembra Lacan, ao dever de "reinventar a psicanálise"[32] com cada um de seus pacientes. Posição impossível, certamente, mas que dá uma indicação suficientemente precisa a respeito do que é a orientação freudiana: a não aplicação de um protocolo que se almejaria idêntico para todos, mas a criação de um espaço de encontro, que ao integrar tanto a subjetividade do analisante quanto a do analista, propõe um dispositivo "sob medida".

Fraqueza porque a psicanálise ao não oferecer um protocolo capaz de dar lugar à experimentação, dificilmente escapa das críticas que dela fazem uma pseudociência. A psicanálise, a partir de então, tem que se proteger do Caribdes da aridez de uma modelização que gostaria de poder transmiti-la sem restos – esquecendo que tudo do real não pode ser apanhado pelo simbólico – e da Cila dos desvios da prática que, a título da necessária "reinvenção", conduziram alguns continuadores da obra freudiana a impasses que nem sempre deixaram de ter consequências deletérias sobre

---

[32] Lacan J. (1979) *Lettre de l'École* [Carta da Escola] nº 25, Bulletin intérieur de l'École freudienne de Paris [Boletim interno da Escola freudiana de Paris] volume II, junho.

os pacientes com quem essas novas formas foram testadas[33]. A solução só pode ser encontrada quando nos atemos à rigorosa lógica da psicanálise.

Agradeço a Leonardo Goldberg por dela ter proposto uma via acessível a um público mais abrangente.

JEAN-MICHEL VIVES
Professor de Psicologia Clínica e Patológica
Universidade Côte d'Azur (Nice – França)
Psicanalista em Toulon

---

[33] Ver por exemplo a magnífica reconstrução do tratamento de Marilyn Monroe conduzido por Ralph Greenson realizada por Michel Schneider em seu romance *Marilyn últimas sessões*, (N. do T.: publicado no Brasil pela Editora Alfaguara).

Schneider M. (2006) Dernières séances [Últimas sessões]. Paris, Grasset.

SUMÁRIO

1. OS TRÊS TEMPOS INICIAIS: HIPNOSE,
   TALKING CURE [CATARSE] E PSICANÁLISE 31

2. O COMPLEXO DE ÉDIPO: INTERDIÇÃO
   UNIVERSAL E MARCADOR DO DESEJO 49
   2.1. Nos meninos 57
   2.2. Nas meninas. 60
   2.3. Os destinos das pulsões 64
   2.4. A fantasia de surra: três tempos 67
   2.5. Diferença sexual, libido e críticas
        contemporâneas a Freud 69

3. O APARELHO PSÍQUICO 75

4. O INCONSCIENTE 87
   4.1. A lousa mágica. 94
   4.2. O caso Signorelli 97

5. A PRÁTICA DO ANALISTA: ÉTICA,
   TRANSFERÊNCIA E CURA 101
   5.1. Psicanálise Selvagem. 106

5.2 Técnica 108
5.3 O final de uma análise 114

6. ALÉM DO PRINCÍPIO DE PRAZER................. 119

REFERÊNCIAS..................................... 127

1.

OS TRÊS TEMPOS INICIAIS: HIPNOSE, *TALKING CURE* [CATARSE] E PSICANÁLISE

Freud foi um homem à frente de seu tempo em diversos sentidos. Costumamos nomear aquele que é excepcional em várias ciências de polímata, e esse era o caso do pai e inventor da psicanálise. Se hoje vivemos em uma época na qual há uma certa preponderância de profissionais especialistas, outrora, no fim do século XIX, época do nascimento de Sigmund Schlomo Freud, era comum o interesse dos médicos por outras áreas de saberes, como a filosofia, as línguas clássicas e a literatura. Este era o caso do inventor da *psicanálise*.

Freud nasceu em 1856, na Morávia (localizada na atual Chéquia), em uma família de pequenos comerciantes judeus. Apenas quatro anos mais tarde, toda a família Freud se muda para Viena, na Áustria. Formou-se médico na Universidade de Viena e testemunhou acontecimentos políticos marcantes e determinantes para todo o século XX. Freud viveu em uma Viena na qual o antissemitismo se escancarava cotidianamente, o que ressoava em diversos âmbitos, pessoais e profissionais. Isso poderia ter causado no jovem médico uma decisão de optar por campos da Medicina que fossem mais seguros, consistentes, estabelecidos e tradicionais. Mas Sigmund Freud foi, desde cedo, guiado por um espírito científico recheado de curiosidade e construiu seu percurso a partir de uma dúvida e uma obstinação permanente. É importante também ressaltar que, apesar de nascer em uma família judaica e ser propriamente judeu, Freud era um sujeito secular, não ortodoxo. Porém, lidou com as consequências da tradição religiosa da qual da fazia parte tanto pela perseguição cotidiana quanto pelo testemunho, prisão e perda de familiares próximos por parte dos nazistas, que ascenderam ao poder por volta do ano de 1930, na vizinha Alemanha.

A característica da obstinação cientifica, da curiosidade, é bem singular para adentrarmos no corpo teórico da psicanálise: seu fundador sempre esteve aberto a reconsiderar toda a teoria a cada momento em que algo da experiência clínica, ou no relato de tal experiência, saltasse aos seus olhos. Seu método científico era essa abertura constante para revisões, descontinuidades, novas formulações conceituais, retomada de antigas reflexões e assim por diante. Por isso, é difícil reduzir uma produção de ao menos cinquenta anos contínuos de escritos em alguns esquemas e fórmulas que "organizariam" sua obra. Uma introdução é sempre marcada por certa arbitrariedade, o que inclui escolhas do autor.

Para introduzir a teoria e a clínica psicanalítica devemos falar um pouco do método, que de alguma forma sempre caracterizou a ética e o percurso de Sigmund Freud. Mais do que isso, o leitor perceberá que o objetivo de tal introdução é a transmissão de uma "lógica da psicanálise" que compreende tanto o *método freudiano* quanto a *teoria* e sua *prática clínica*. Há uma junção entre essas três dimensões que não pode ser desfeita. Portanto, é impossível falar de forma completamente isolada de método, clínica ou teoria.

Freud foi o primeiro psicanalista, o precursor de um campo e de uma orientação que é compartilhada entre os outros analistas por uma ética. Essa ética implica todos os psicanalistas, cada um com seu estilo, em uma transmissão que não descarte a importância da experiência clínica, dos pressupostos teóricos e sobretudo de um modelo de escuta guiado pela concepção do *inconsciente*.

Na biografia de Freud, exemplos não faltam quanto ao espírito, ou melhor, uma verdadeira obstinação cientifica. Com apenas vinte anos, ainda estudando medicina, Freud foi para Trieste, na Itália, trabalhar em um laboratório de zoologia experimental, dissecando enguias. Acontece que ainda era um mistério para a biologia a forma de reprodução desses peixes e Freud dissecou ao menos 400 exemplares. Seu primeiro artigo, aos 21 anos, reunia de forma sistemática essas observações. É no mínimo curioso e até irônico que a primeira publicação de Freud tenha sido sobre o enigma da diferença sexual – ainda que em tais peixes – tema tão discutido na atualidade dos círculos da psicanálise e da filosofia contemporânea.

Quando inicia na neuropsiquiatria, esse mesmo espírito científico fez com que Freud se deparasse com algo, impossível de ignorar, que ele nomearia de *inconsciente*. E esse conceito se transformaria em uma espécie de baliza, de bussola que o guiaria em sua prática clínica e em sua teoria até o fim da vida.

Há muitas maneiras de introduzir a psicanálise ao leitor: através dos casos clínicos, da teoria, das influências teóricas, dos esquemas ou da história. Esta obra tratará de uma transmissão que tem como objetivo que o leitor possa apreender os fundamentos da psicanálise de forma geral, sem digressões nem desvios extenuantes[1]. A ideia deste trabalho é não incorrer nem em uma obsessão em busca da verdade, de causalidade histórica sobre as influências e tradições que desembocam na descoberta

---

[1] A tradição brasileira de introduções costuma recair para certa erudição ou busca por uma verdade última sobre a obra de Freud. Nosso trabalho, porém, objetivará despertar o desejo e a curiosidade, e transmitir uma lógica teórico-clínica de forma simples sem perder o rigor. Assim, serão trabalhados os fundamentos e a clínica freudiana de modo panorâmico.

e na invenção de Freud, tampouco apelar para a "autoridade" da História e do "desenvolvimento" freudiano. Iremos, de certa forma, pensar em sua obra como estabelecida e em seus achados lógicos de forma "ampla". Portanto, o leitor perceberá que nossa preocupação será mais de transmitir a "lógica da psicanálise" que uma cronologia ou hermenêutica da disciplina.

A originalidade de seu criador se referia sobretudo ao método: Sigmund Freud escutou de forma ativa e interessada seus pacientes, se atendo tanto ao discurso quanto a sua forma, a voz, e aos seus elementos subjacentes: tudo aquilo que escapava do sentido: os equívocos, os sonhos, os chistes, as falas "involuntárias", os lapsos. Essa abertura à escuta, hoje encarada como pressuposto para diversas práticas terapêuticas, não era uma regra da época. Pelo contrário, o sintoma mais icônico de seu tempo era a chamada *histeria*, que acometia sobretudo as mulheres e que deixava os médicos da época completamente perdidos.

Se hoje nos remetemos à ideia de sintomas histéricos isoladamente como fenômenos de falta de ar, taquicardia, dor de cabeça, desmaio, amnésia ou dores crônicas, na época, o conjunto de fenômenos sintomáticos costumava envolver diversas outras manifestações: combinação de anorexia e vômito, insônia, perda de linguagem, perda parcial da visão, hemianestesia (perda da sensibilidade em uma das metades do corpo) e as mais características convulsões epilépticas e paralisias de membros como as pernas e os braços. A esse quadro de manifestações intensas, que ocasionavam costumeiramente internações prolongadas, os médicos nomeavam de *histeria*.

Para ilustrarmos o tamanho de tal questão, a Paris do fim do Século XIX contava com um espaço no qual permaneciam trancafiadas cerca de 4 mil mulheres, consideradas loucas e, sem um prognóstico, sem um plano de tratamento delimitado, eram também portadoras de uma doença encarada como incurável. Os sintomas eram variados: do arqueamento dos corpos às posturas delirantes, das dores aos gritos de um sofrimento estridente.

O elemento comum ao sintoma era uma natureza considerada de certa teatralidade.

Hoje podemos pensar nesse espaço manicomial como um verdadeiro inferno. Um trabalho extenso do historiador da arte Georges Didi-Huberman[2] serve de testemunho para imaginarmos o cenário. O maior asilo da França era destinado às mulheres, submetidas a castigos, privações, torturas. Didi-Huberman localiza os números do ano de 1862: taxa de cura de apenas 9,72%, 244 óbitos por causas como pancadas, ferimentos, erotomania, estupro[3]. É nesse contexto que Doutor Charcot inauguraria suas apresentações de doentes nas aulas de terças-feiras, parte dos estudos da "cadeira de clínica das doenças nervosas".

Jean-Martin Charcot, mais conhecido como Doutor Charcot, precursor da neurologia moderna, era, a partir de 1862, uma espécie de chefão desta verdadeira cidade manicomial. Reverenciado por médicos de toda a Europa, Doutor Charcot fazia sua apresentação de doentes exibindo o método da hipnose, que fazia os sintomas – durante o período em que as histéricas eram hipnotizadas – cessarem. De certa forma, Doutor Charcot também deixava seus alunos, entre eles personalidades como Freud, Babinski, Pierre Janet, Albert Londe[4] estarrecidos, maravilhados com suas intervenções. O respeito por essa postura de "chefe" de um lugar tão inóspito como a Salpêtrière era tamanho que suas apresentações também eram recheadas de certa teatralidade: o ilustre médico, "salvador" das doentes, apresentando seu método inovador aos espectadores-alunos.

---

[2] Cf. DIDI-HUBERMAN, Georges. *Invenção da histeria:* Charcot e a iconografia fotográfica da Salpetriere. Tradução de Vera Ribeiro. Rio de Janeiro: Contraponto, 2015.

[3] Id.

[4] Pai da fotografia médica e fotógrafo na Salpetrière

Um dos métodos terapêuticos mais utilizados por Charcot era a hipnose. Basicamente, quando Charcot hipnotizava[5] as histéricas, elas costumavam acessar memórias que permaneciam inacessíveis em estado consciente e de alguma forma os sintomas físicos e o sofrimento psíquico que as acometia eram reduzidos. Acontece que a figura de Charcot era tão imponente que todos os figurantes de tal acontecimento – médicos, enfermeiras, auxiliares, doentes – eram encantados com suas apresentações e, de alguma forma, "trabalhavam" para que os mais diversos sintomas físicos e psíquicos – que iam da perda do paladar ao esquecimento de uma língua – retraíssem. Sem dúvida, esse espaço de detentor da "verdade" ocupado por Charcot produzia uma espécie de efeito sugestivo tanto nos doentes quanto em seus pares e alunos. Freud era encantado e, de certa forma, apaixonado por homens que ocupavam tal posição destemida diante da "verdade", ainda que, nas sequências de sua vida, tais paixões se convertiam costumeiramente em crítica e ruptura.

Entre 1885 e 1886, ainda com 29 anos de idade, Freud ganhou uma bolsa para estagiar na Salpètriere e conhecer o trabalho de Charcot. Assim, viajou para Paris e passou cerca de quatro meses assistindo suas apresentações, ficando maravilhado com seu método terapêutico baseado na hipnose. Além disso, precisamos imaginar o prestígio que acometia tal cena: Charcot era referenciado e reverenciado como ídolo, como aquele que sabia algo de tal loucura incurável, para as 4 mil mulheres e as centenas de trabalhadores da "cidade das loucas".

Freud testemunha e constata, então, a transformação do estatuto da histeria, quando Charcot passa de seus estudos de Anatomia Patológica para a Psicopatologia. Esse é um movimento de torção conceitual: as histéricas que antes eram desdenhadas

---

[5] Se outrora a hipnose pertencia ao cotidiano das apresentações em feiras públicas, nos centros das cidades e em espaços religiosos, Charcot fora um dos primeiros a cooptá-la e adaptá-la para a prática médica reconhecida e oficial.

e consideradas um pormenor, um resto na medicina, taxadas de "dramáticas" e simuladoras, passam então a um estatuto de investigação que leve em consideração, de forma rigorosa, suas queixas. É assim que Freud descreve esse movimento de Charcot:

> Sustentava-se que na histeria qualquer coisa era possível e não se dava crédito aos histéricos em relação a nada. A primeira coisa feita pelo trabalho de Charcot foi a restauração da dignidade desse tópico. Pouco a pouco, as pessoas abandonaram o sorriso desdenhoso com que uma paciente podia ter certeza de ser recebida naquele tempo. Ela não era mais necessariamente uma simuladora de doença, pois Charcot jogara todo o peso da autoridade em favor da autenticidade e objetividade dos fenômenos histéricos[6].

Essa reconsideração dá um estatuto diferente frente ao sofrimento das nomeadas histéricas. Freud, no mesmo texto[7], chega a fazer uma comparação de Charcot com a estátua de Cuvier, em frente ao *Jardin des Plantes*, em Paris. George Cuvier é considerado por muitos estudiosos como o "Pai da Paleontologia": esse naturalista francês era considerado um grande cientista e descreveu o primeiro fóssil das Américas e da história da nomenclatura cientifica. Essa comparação revela bem a função exercida por Charcot frente ao sofrimento de tais mulheres: isolou, nomeou e elevou ao estatuto de patologia aquilo que era considerado um "drama", um pormenor, aquilo que era basicamente ignorado pelas autoridades médicas da época. O peso de sua autoridade – figura médica de reconhecimento nacional – auxiliou este efeito de nomeação: as "histéricas" agora passavam a ser objeto da

---

[6] FREUD, Sigmung. Charcot (1893) In: _____. Primeiras publicações psicanalíticas (1893-1899). Direção-geral da tradução de Jayme Salomão. Rio de Janeiro: Imago, 1976. (Edição standard brasileira das obras psicológicas completas de Sigmund Freud, 3), p. 14

[7] Op. Cit.

medicina, objeto da preocupação em relação ao estabelecimento de um plano de tratamento e de cura de tal sofrimento.

O motivo que fez com que Charcot adotasse o método da hipnose foi sobretudo os pacientes que tinham como sintoma uma paralisia decorrente de um trauma. Antes de submetê-los a hipnose, Charcot assegurava que o sintoma não se tratava de efeito de causas orgânicas, que não houvesse alguma causa biológica que pudesse explicar aquela paralisia corporal, aquele fenômeno de corpo. De fato, Charcot era muito convincente quanto aos efeitos da hipnose, mas seus contemporâneos, incluindo Freud, Pierre Janet e Breuer, apontaram que o elemento central em jogo era um efeito sugestivo, e não o estado de consciência rebaixado que as doentes experimentavam enquanto hipnotizadas. Aliás, a cessação dos sintomas costumava durar apenas enquanto as pacientes se mantinham em estado hipnótico, voltando quando o procedimento era interrompido.

Freud, o jovem médico judeu de Viena, diante dessa figura absolutamente "imponente", decidiu voltar para a sua cidade e aplicar a mesma terapia em seus pacientes, porém não convencido da eficiência terapêutica do método hipnótico.

Sua proximidade com outro médico, Doutor Josef Breuer, fez com que passasse a reconsiderar a escuta das histéricas a partir de outro paradigma: o método *catártico*. O método catártico é o que mais se aproxima do que hoje chamamos de uma análise, sobretudo porque se refere a um tratamento através da palavra, pela via do ato de falar, escutar, relembrar, interpretar. Envolve duas pessoas, uma na figura do terapeuta e a outra do paciente. Freud realiza, no mesmo ano da morte de Charcot, uma descrição desse método terapêutico de Breuer:

> (...) Breuer aprendeu com sua primeira paciente que a tentativa de descobrir a causa determinante de um sintoma era, ao mesmo tempo, uma manobra terapêutica. O momento em que o médico desvenda a ocasião da primeira ocorrência do sintoma e a razão

de seu aparecimento é também o momento em que o sintoma se desfaz (...) se conseguirmos suscitar nele uma lembrança realmente vívida e se ele vir as coisas diante de si com toda sua realidade original, observaremos que está completamente dominado por algum afeto. E se então o compelirmos a exprimir verbalmente esse afeto, verificaremos que, ao mesmo tempo em que ele manifesta esse afeto violento, o fenômeno de suas dores desponta marcantemente uma vez mais e, daí por diante, o sintoma, em seu caráter crônico, desaparece[8].

Basicamente, as etapas do método, que iam da manobra terapêutica (o interesse do médico sobre o sintoma) ao desvendar a primeira ocorrência e sua razão (desfazimento do sintoma) envolviam a seguinte sequência terapêutica:

Suscitar a lembrança vivida no paciente → visão e vivência da realidade original (atualização do afeto ligado a tal realidade) → demandar que o paciente nomeie tal afeto → desaparecimento do sintoma em caráter crônico (*cura*)

Freud, quando escreve sobre o método catártico de Breuer, já trabalhava com ele desde 1886, discutindo casos de histeria, sobretudo o caso de Anna O., que iniciou seu tratamento em 1880.

Catarse, oriunda do grego, κάθαρσις, deriva de um significado de *purificação*. Tal conceito não era novo, foi extraído e incorporado às práticas terapêuticas que remetiam a um "acontecimento catártico", um momento de transformação. No caso do método

---

[8] FREUD, Sigmund. *Sobre o mecanismo psíquico dos fenômenos histéricos: uma conferência* (1893) In: _____. Primeiras publicações psicanalíticas (1893-1899). Direção-geral da tradução de Jayme Salomão. Rio de Janeiro: Imago, 1976. (Edição standard brasileira das obras psicológicas completas de Sigmund Freud, 3), p. 28

catártico adotado por Breuer, um momento no qual a pessoa relembrava um acontecimento traumático e o reordenava logicamente, "diluindo" o sintoma através desse "achado".

Porém, podemos encontrar a ideia de catarse já na *Poética* de Aristóteles. Basicamente, tal obra se trata de um compilado de aulas que Aristóteles reuniu para explicar aos seus alunos sobre a construção de uma Tragédia, seu desenvolvimento poético e estético. Quando Aristóteles remete à Catarse, se refere a um efeito a ser causado no espectador diante da tragédia: um exemplo usado pelo filósofo é a tragédia de Édipo e por isso tal constatação nos interessa. A composição de uma tragedia é assim definida por Aristóteles:

> A tragédia é a imitação de uma ação elevada e completa, dotada de extensão, numa linguagem embelezada por formas diferentes em cada uma das suas partes, que se serve da ação e não da narração e que, por meio da compaixão e do temor, provoca a *purificação*[9] de tais paixões[10].

Portanto, o que essa belíssima tradução desvela é justamente o efeito psicológico produzido no espectador de uma tragédia, sobretudo em suas viradas (ou peripécias): Édipo Rei, que se pensa livre do destino predito do oráculo e recebe animado Tirésias, o profeta cego, que, de forma inesperada, anuncia seus terríveis pecados. De rei a maldito pecador: tais viradas causam um efeito psicológico no espectador, a *catarse*, de modo semelhante, até análogo, ao qual os pacientes que estavam alheios das causas de

---

[9] Na mais recente edição brasileira, o tradutor Paulo Pinheiro traduz diretamente *khátarsis* por catarse. Cf. Aristóteles. Poética. Tradução, introdução e notas de Paulo Pinheiro. São Paulo: Editora 34, 2017, p. 73

[10] Cf. ARISTÓTELES. *A poética de Aristóteles*. Tradução e notas de Ana Maria Valente, prefacio de Helena da Rocha Pereira. Lisboa: Calouste Gunbenkian, 2007, cap. 6, p. 48

seus infortúnios, doenças, produções sintomáticas, quando rememoram e constatam um "acontecimento traumático" como fonte de seu sofrimento. Essa era absolutamente a aposta de Breuer em uma terapêutica baseada na fala, uma aposta que ignorava a fonte da sexualidade nas consequências sintomáticas e mirava no diálogo e na condução do tratamento através de uma espécie de pacto com o paciente.

Poderíamos dizer que a mesma diferença das psicologias contemporâneas em relação ao método psicanalítico foi experimentada na condução do tratamento de uma paciente por Doutor Breuer, nomeada pelo heterônimo[11] Anna O. Isso porque, assim como algumas psicologias contemporâneas assumem o indivíduo como uma unidade, como um eu consistente (ego) que toma decisões sobre a própria vida e sobre os próprios afetos de forma calculada e equacional, a pré-psicanálise, nas suas diversas formas, da hipnose ao método catártico, assumiam que a localização do trauma, do "enrosco" conflitivo, e o efeito sugestivo baseado no desejo do médico de que o paciente se curasse, faria com que um movimento dos dois, médico e paciente, em direção da resolução do conflito através das descobertas de seus encadeamentos lógicos e causais, – causa → efeito → tratamento → cura – encaminhasse o doente em direção à cura, à resolução de seus sintomas e sofrimentos.

O caso Anna O., de Breuer, de certa forma escutado e orientado por Freud, se transformou no paradigma de um salto: nessa ruptura de uma terapêutica baseada um procedimento catártico a fim de reconsiderar um outro método: aquele que incluiria fantasias situadas na infância como o ponto de "enrosco" universal dos conflitos neuróticos e o endereçamento de tais conflitos ao médico

---

[11] As práticas terapêuticas, da Medicina à Psicologia moderna, alteram o nome dos pacientes por uma questão de ética e sigilo quando os mesmos se transformas em um relato de caso. O objetivo disso é preservar o anonimato e a vida privada dos pacientes.

como processo *transferencial*, condição para um tratamento possível através de um método de escuta denominado psicanálise.

De fato, a primeira vez em que o nome psicanálise surge nos escritos de Freud se refere ao método de Breuer. Em "A hereditariedade e a etiologia das neuroses" (1896), Freud nomeia pela primeira vez seu método terapêutico. Aliás, sua definição sobre o método poderia ser admitida até hoje: "(...) é um pouco intrincado, mas insubstituível (...)[12]. Esses primeiros textos hoje são praticamente esquecidos, mas são, para além de sua riqueza histórica e para refletirmos sobre epistemologia, muito ricos no que concerne à própria prática da psicanálise. Nesse texto 0 da disciplina, extremamente rico em detalhes sobre a etiologia[13] das neuroses, Freud destaca a neurose obsessiva como preponderante nos homens e a histeria nas mulheres e oferece uma plataforma teórica para a psicanálise a partir do seguinte paradigma:

1. Toda neurose tem como causa uma perturbação econômica oriunda da vida sexual precoce do sujeito.

Bem, neste escrito, Freud descreve que chegou a tal formulação a partir do exame de 13 casos de histeria e 4 casos de neurose obsessiva atendidos por ele. Ele afirma que o que extraiu isolando tais casos foi, além da plataforma em comum de "enroscos" sobre a sexualidade, um evento sexual precoce (entre 4-5 anos) no qual cada sujeito fora submetido. A diferença era que no caso da histeria tal acontecimento era de sexualidade passiva (o sujeito fora submetido à) e na neurose obsessiva era apenas um acontecimento

---

[12] FREUD, Sigmund. A hereditariedade e a etiologia das neuroses (1896) In: ___. *Primeiras publicações psicanalíticas* (1893-1899). Direção-geral da tradução de Jayme Salomão. Rio de Janeiro: Imago, 1976. (Edição standard brasileira das obras psicológicas completas de Sigmund Freud, 3), p. 115

[13] Pesquisa sobre causas e origens de um determinado fenômeno: portanto, no contexto, o que examina e verifica a causa das neuroses.

que proporcionou prazer. Freud também admite uma sedução anterior. Nesse momento, ele ainda não trabalha com a concepção de fantasia concernente à sexualidade infantil. E de alguma forma o método se orienta para a extração de uma "verdade" sobre tais acontecimentos precoces vividos pelo sujeito na infância e reorganizados, revividos mais tarde, garantindo sempre sua dimensão traumática, posteriormente.

Portanto, nesse momento, a causa das neuroses era pensada da seguinte forma:

Evento sexual precoce (4,5 anos) → esquecimento de tal evento, mas conservação de seu traço psíquico → na puberdade, tal traço é despertado de forma poderosa[14].

Quando no evento sexual precoce o sujeito era agente (ativo), a consequência posterior seriam "recriminações a si mesmo por causa desse gozo antecipado"[15] e os sintomas seriam de uma *neurose obsessiva*. Já quando no evento sexual precoce o sujeito era tomado de forma passiva os sintomas seriam desenvolvidos pela via da *histeria*.

Mais tarde, Freud mudaria sua teoria pensando em tais elementos como constituintes, universais, que se referem a todo sujeito humano. A ideia de abuso foi substituída por uma cena infantil, por uma *fantasia sexual incestuosa* que é *recalcada* pelo sujeito e seus efeitos, características, transformados em base para as formações sintomáticas de cada um. Para representar a ideia de um universal – a proibição ao incesto – como estruturante para o sujeito humano, Freud incorpora em sua teoria a tragédia de Édipo. No próximo capítulo falaremos um pouco sobre essa narrativa que serve para pensarmos na dimensão trágica da entrada humana na sexualidade. Dimensão de incongruência marcada

---

[14] Freud nomeia de "ação póstuma de um trauma sexual", op. Cit. 116
[15] Op. Cit., p. 117

pela entrada do sujeito na linguagem a na experiência humana, mais propriamente dita.

A psicanálise iria, a partir daí, passar por diversas transformações conceituais, mas sua gênese já se orientava para esse elemento universalizante: a sexualidade infantil como plataforma para as formações sintomáticas dos adultos. Porém, é importante apontar que o ponto de cisão entre Freud e Breuer foi justamente pela forma de conduzir uma análise com os pacientes neuróticos.

Em síntese, Breuer, na relação intensa com sua paciente, Anna O., percebeu a diminuição dos sintomas de acordo com seu interesse em escutá-la, em de alguma forma assumir que o endereço de seu sofrimento era a figura que ele mesmo ocupava, a do homem que poderia tratá-la. Dessa relação poderíamos considerar destacar a diferença radical entre Freud e Breuer: Anna. O. é atravessada por uma paixão por Breuer – aquele que a tratava – e seus sintomas reduziam na medida proporcional do interesse do médico por seu caso. Aliás, foi Anna O. quem nomeou o método de fazê-la falar, convidá-la a se expressar de "talking cure". Anna O. utiliza ainda outra expressão brincalhona para se referir ao processo, por vezes ignorada em introduções à psicanálise e em pesquisas históricas: *"chimmey sweeping"*[16] (limpeza de chaminé). A metáfora de limpar o local por onde a chama acesa passa, por onde o fogo queima, é no mínimo interessante para revelar o que estava em jogo entre médico e paciente.

Freud fala pela primeira vez em *psicanálise* se referindo a Breuer e de fato fora dessa troca e dessa experiência com Anna O. que surgiu o método. Acontece que a diferença passou sobretudo pela prática, pela clínica, pela ética do analista operante já nesse momento em um conceito que passaria a ser central para a psicanálise: o de *transferência*.

---

[16] BREUER, Joseph; FREUD, Sigmund (1895). Estudos sobre a histeria. In: *Obras completas*, volume 2. São Paulo: Companhia das Letras, 2016, p. 43

Freud, de forma original, assume que o momento de ruptura de Breuer com o tratamento de Anna O. era justamente o momento mais fecundo para uma análise, pois a transferência estaria estabelecida e o sintoma da paciente estava absolutamente vinculado, direcionado ao médico. E seria a partir da transferência que todo o eixo, que toda a lógica de um tratamento seria possível. Anna O. se sentia muito angustiada quando Breuer não estava e eufórica quando ele aparecia. Isso se tornou complicado para o manejo do próprio casamento, e Mathilde Breuer, esposa do médico, enciumada, demandava mais atenção e presença do marido, sobretudo quando estava grávida. A intensidade da transferência de Anna O. com Doutor Breuer foi tamanha que Anna O. chega a ter uma gravidez fantasma, psicológica, anunciando que agora teria um filho de Breuer. Estarrecido e assustado, Breuer encaminhou a paciente para seu colega Robert Biswanger[17], que a internou em uma clínica psiquiátrica.

Eis que tal caso é importante para pensarmos como o *primeiro* caso, pois fora emblemático e ilustrativo sobre a transferência do paciente em relação ao analista e suas consequências no tratamento. O sintoma de Anna O. estava inteiramente direcionado, nesse momento, ao analista. Talvez Breuer pudesse manejá-lo, dado uma direção sem que correspondesse à paixão de Anna O., e, assim, constatar a fonte sexual nas formações sintomáticas e sua atualização no decorrer de uma análise. Mas não o fez, e esse fora o ponto de afastamento entre Freud e Breuer e de inauguração de um método que, sobretudo e antes das outras premissas, não retrocedesse diante do sintoma. Portanto, nesse esquema inicial proposto, formulamos o seguinte quadro,

---

[17] Robert Binswanger era pai de Ludwig Binswanger, psiquiatra suíço e um dos precursores da psicopatologia fenomenológica e da daseinsanalyse. O avô de Ludwing, também chamado Ludwing, foi o fundador do Sanatório Bellevue, onde Anna O. esteve internada.

Hipnose → Método Catártico → Psicanálise

Ainda que possamos fazer analogias, comparações e deslocamentos históricos, em outros momentos da ciência e da humanidade encontramos terapêuticas bem semelhantes a hipnose e ao método catártico. A ideia de escutar aquele que sofre não nasce nem é aplacada pela medicina moderna, pelo contrário, o silenciamento das mulheres na Salpetriere é efeito de séculos destinados à construção de valores sociais, filosofias, discursos religiosos que desembocaram em uma psiquiatria excludente, normativa, taxativa e discriminatória, consequência também das tecnologias cientificas da época.

A abertura de Charcot é uma torção epistemológica: ele fotografa, escuta, apresenta, se preocupa e valoriza as manifestações das doentes trancafiadas em Paris. A abertura de Breuer, uma tentativa de construir uma terapêutica vigorosa baseada no sentido. Os dois ignoram alguns elementos que o conjunto de respostas diante de tais terapêuticas apresentavam:

1. A melhora das doentes diante da preocupação, implicação e engajamento do médico;
2. O endereçamento e atualização dos sintomas para a figura do médico, em sua direção;
3. A fonte do desenvolvimento dos sintomas baseada na sexualidade infantil.

Freud, obstinado diante da escuta clínica, encontrou na sexualidade infantil alguns efeitos universais e repetitivos que seriam fonte dos sofrimentos de suas pacientes. E é através da escuta clínica que ele constata alguns modelos constitutivos de entrada na sexualidade. Seu ouvido atento faz com que, de alguma forma, Freud consiga excluir os pormenores da narrativa cotidiana, do autorrelato extenuante do sofrimento, para efetivamente ouvir o inconsciente através de suas manifestações: os *atos falhos*, os *sonhos* e os *chistes*.

Para destacar os elementos gerais, repetitivos, ouvidos por ele, ele decide cooptar – trazer para si – a tragédia, ou melhor, o mito de Édipo, uma lenda do antigo universo grego, para oferecer em sua transmissão uma fórmula atemporal, que não diz respeito às preocupações de uma época e de seus efeitos identitários, tecnológicos e sociais. Mas diz respeito sim a todo ser falante atravessado pela linguagem e, portanto, pela sexualidade e seus enigmas e enroscos.

No próximo capítulo ofereceremos para o leitor alguns elementos desse modelo que Freud usou para que entendêssemos a estrutura dos enroscos da entrada humana na sexualidade.

2.

O COMPLEXO DE ÉDIPO: INTERDIÇÃO UNIVERSAL E MARCADOR DO DESEJO

"(...) o não-saber de Édipo é a legítima representação da inconsciência na qual, para os adultos, toda a vivência afundou-se, e a coerção do oráculo, que inocenta ou deveria inocentar o herói, é um reconhecimento da inevitabilidade do destino que condenou todos os filhos a passar pelo Complexo de Édipo". Sigmund Freud[18]

Neste capítulo ofereceremos ao leitor um panorama do mito de Édipo e seu uso na teoria psicanalítica. Como mencionamos no capítulo anterior, a escolha da tragédia de Édipo não foi ao acaso.

Mito, por tratar-se de um relato fantástico que de alguma forma desvela e explica certos comportamentos humanos através de uma narrativa na qual todos os que a escutam, através da tradição oral, a assistem, através do teatro ou a leem, através do texto, podem de alguma forma identificar traços da própria vida e dinâmicas cotidianas extremamente humanas, universais, repetitivas.

---

[18] Cf. em FREUD, Sigmund. (1940) *Compêndio de Psicanálise e outros escritos inacabados*. Tradução de Pedro Heliodoro Tavares. Belo Horizonte: Autêntica Editora, 2017, p. 137

Tragédia, pois o acesso de Freud ao mito de Édipo é a partir da peça de Sófocles, *Édipo Rei*, admitida como uma das grandes obras do teatro grego. Aristóteles a considera o grande exemplo da tragédia. A tragédia gera compaixão, terror, identificação: os traços mais humanos e psicológicos do cotidiano são destacados e as viradas orientadas a partir do destino e da repetição. Os tempos, as repetições, os destinos transgeracionais[19], sobretudo na mitologia grega, definem a relação do sujeito com sua história de modo que ele se vê constantemente alheio aos seus próprios atos, incluindo seus desejos, ignorando marcadores universais que o avisam de que algo conduz a sua vida. Há uma verdade não sabida que opera de forma constante e que é determinante do trajeto e da própria história. Assim é a tragédia de Édipo. Édipo é um cara que ignora, posterga, adia, até o ponto em que constata o impossível de se furtar de seus próprios atos e de seu destino anunciado.

Tal tragédia atravessou Freud a partir de um impasse: até certo momento, ele era o primeiro e único psicanalista. Isso gerava uma complicação: com quem ele faria análise? Se o inventor do método foi ele, para tentar dar conta do impasse, Freud propõe uma experiência de autoanálise. Mas uma reticência: uma autoanálise que perpassava o outro, sobretudo seu amigo Fliess, com quem ele nutriu sempre uma amizade e um testemunho teórico-clínico intensos.

Na carta de 15 de outubro de 1897[20], Freud descreve um sonho para Fliess, efeito de sua "autoanálise" e fala pela primeira vez de seu achado:

> Uma única ideia de valor geral despontou em mim. Descobri, também em meu próprio caso, o fenômeno de me apaixonar por

---

[19] Os efeitos das palavras, valores e marcadores que perseveram de geração em geração, independente da vontade individual do protagonista.

[20] Cf.

mamãe e ter ciúme de papai, e agora o considero um acontecimento universal do início da infância (...) se assim for, podemos entender o poder de atração do *Oedipux Rex*[21], a despeito de todas as objeções que a razão levanta contra a pressuposição do destino (...) a lenda grega capta uma compulsão que todos reconhecem, pois cada um pressente sua existência em si mesmo. Cada pessoa da plateia foi, um dia, um Édipo em potencial na fantasia, e cada uma recua, horrorizada, diante da realização de sonho ali transplantada para a realidade, com toda a carga de recalcamento que separa seu estado infantil do estado atual[22].

Esse excerto é importante para entender a escolha freudiana da lenda de Édipo e para ilustrar a sexualidade infantil imbuída nesse "teatro fatal", que ergue tanto o véu do palco quanto aquele que recobre a experiência de cada um dos espectadores em seus "romances familiares".

Um dos pontos mais criticados na atualidade sobre Freud é justamente o *complexo de Édipo*: os críticos consideram a adoção de tal lenda como um marcador universal do desejo problemática, pois implicaria em um acento na lógica masculina e uma espécie de rigidez temporal no modelo de entrada na sexualidade que já não corresponderia a diversidade de gêneros e ao deslocamento de certo "falocentrismo" enquanto paradigmas da contemporaneidade. Portanto, o objetivo da crítica é demarcar a ideia de que o "complexo de Édipo" teria data marcada e já não pode ser pensado de forma insubstituível ou única.

Nossa apresentação do Édipo na teoria freudiana irá acentuar o motivo pelo qual acreditamos que podemos e devemos tratá-lo mais em seu caráter lógico – uma lógica diante do falo – em detrimento de seu caráter semântico (os lugares dispostos pelos personagens, as peripécias e a moral da história). De qualquer

---

[21] Édipo Rei, em latim.
[22] Op. Cit., p. 273

forma, é impossível extrair tal cooptação, adoção, da lenda por parte de Freud, e, portanto, pensar em uma psicanálise freudiana amputada de tal mito. Esse é o mito, para Freud, que ancora de forma eficiente o ponto de enigma que marca a sexualidade humana.

Antes de descrever a lógica de entrada e saída do complexo de Édipo, no caso dos meninos e no caso das meninas, façamos uma síntese da tragédia de Sófocles para situar o leitor em sua narrativa:

> 1 – A obra inicia em Tebas, no palácio de Édipo Rei, na ocasião a cidade é devastada por uma peste e um sacerdote, em meio à multidão inquieta, demanda de Édipo – aquele que se transforma em Rei por livrar-lhes da Esfinge[23] – que encontre uma saída para a situação. Creonte, seu cunhado, vai consultar o oráculo de Delfos e retorna com a mensagem de que o deus Apolo[24] ordenava, para que a Peste fosse controlada, que os assassinos de Laio[25], o antigo rei de Tebas, sejam castigados.
>
> 2 – Édipo inicia seus esforços para elucidar o crime, e para isso, manda chamar Tirésias, um adivinho cego que é considerado um profeta divino pelos tebanos.

---

[23] Um monstro com cabeça de mulher e corpo de cachorro, garras de um leão e um par de asas de pássaro. O monstro vivia perto da cidade e lançava um enigma para os viajantes, aqueles que não soubessem decifrá-los eram devorados. Édipo resolveu o seguinte enigma: "Qual é o animal que de manhã anda com quatro pés, ao meio-dia, com dois e de tarde, com três?", Édipo respondeu que era o homem, que engatinhava na infância, caminhava na vida adulta e utilizava a bengala na velhice. Diante disso, a Esfinge suicida e Édipo é coroado Rei de Tebas. Cf. SÓFOCLES. *Édipo Rei*. Traduzido diretamente do grego por Domingos Paschoal Cegalla. Rio de Janeiro: Bertrand Brasil, 2015, p. 15

[24] Um dos mais importantes deuses da Grécia antiga.

[25] Rei de Tebas que precedeu Édipo, ex-marido de Jocasta. Depois do feito heroico, Édipo recebe além do reinado, a mão de Jocasta e consequentemente seu matrimônio.

3 – Tirésias reluta muito em falar sobre aquilo que vê para Édipo, mas instigado de forma agressiva por Édipo diz: "És o assassino do homem cujo matador procuras"[26]. Édipo reage com cólera e ódio e diz que o adivinho é uma fraude, um mentiroso. O adivinho, insultado, diz que Édipo é abominado por seus progenitores, e que um deles está vivo e outro morto. Édipo manda o adivinho embora e diz que isso deve ser uma trama de Creonte, seu cunhado, mancomunado com o profeta, para tirá-lo do poder. Ou seja, ao invés de escutar o adivinho, Édipo crê que é vítima de uma conspiração.

4 – Édipo e Creonte discutem e Édipo o ameaça de morte. O Coro e Jocasta, sua mulher, intervém e apaziguam a discussão. Jocasta pormenoriza a fala do adivinho e diz que nenhum acontecimento humano depende de tais predições. Conta que o oráculo em outro momento disse que seu destino era morrer pelas mãos de seu filho. Conta também que Laio, seu ex-marido, tinha atado os pés do recém-nascido que poderia vir a matá-la e o abandonado num monte. Ela diz isso justamente para que ele não creia nessas predições. Édipo começa a fazer associações e conta, assustado, de uma briga que teve na entrada da cidade e, ao escutar os detalhes do assassinato de Laio, passa a temer que o oráculo tenha razão: as situações são semelhantes.

5 – Aparece um mensageiro de Corinto[27] e diz que o Rei Polibo, aquele que criou Édipo como filho, morreu. O mensageiro também conta que Édipo Rei não era filho de Polibo, e Édipo desconfia que ele mesmo seja apenas um filho bastardo. Édipo discute com Jocasta sobre as previsões do Oráculo e demanda que encontrem o servo de Laio que abandonou seu filho no monte Citerão para que

---

[26] Op. Cit. P. 42
[27] A cidade na qual Édipo cresceu.

elucide de uma vez por todas o caso e livre a cidade da Peste.

6 – O antigo servo de Laio aparece então na cena e é indagado pelo mensageiro de Corinto. Assume que recebeu a criança de Jocasta, para que a matasse. Mas ao invés de matá-la, o servo confessa que deu a criança para o mensageiro de Corinto, e este a levou até Polibo que a tratou como filho, na cidade de Corinto.

7 – "Ai! Ai! Tudo agora está desvendado. Tudo se tornou evidente! Ó luz, pudesse eu agora nunca mais te ver! Revelaste ter eu nascido de quem não devia nascer, casado com quem não devia casar e matado quem não devia matar"[28]. Édipo percebe a sequência de enganos e a consolidação das previsões do oráculo: ele havia matado seu pai e casado com sua mãe, Jocasta.

8 – Jocasta comete suicídio. Édipo se cega, mutilando os próprios olhos e pede a Creonte, único soberano que resta, que o exile, através do banimento, da cidade de Tebas.

Como toda síntese, essa é também arbitrária, mas oferece ao leitor uma ideia do que seja a tragédia de Édipo e suas nuances. A Tragédia é justamente o cometimento, de forma não consciente, do incesto e do parricídio. Édipo mata o pai e se deita com a mãe. Com ela tem duas filhas, Antígona e Ismene. Tal é o tamanho do enrosco que suas filhas são, ao mesmo tempo, suas irmãs. Quando a verdade se revela, Édipo não vê outra saída senão a automutilação e, cegado[29], ser banido de sua terra.

---

[28] Op. Cit. p. 128

[29] Para Freud, amparado no conteúdo dos sonhos, o cegamento é o substituto simbólico da castração. Cf. FREUD, Sigmund. (1940) *Compêndio de Psicanálise e outros escritos inacabados*. Tradução de Pedro Heliodoro Tavares. Belo Horizonte: Autêntica Editora, 2017, p. 131

Da lenda, Freud extrai um sentimento universal: a criança, quando chega ao mundo, arranja sua sexualidade diante dos sujeitos que a provém e que dela esperam algo. Esses sujeitos, costumeiramente seu pai e sua mãe, prepararam todo um terreno e um espaço para a vinda dessa criança. Ela aparece e, diante da saída do útero – daquele espaço mítico e único no qual existia correspondência entre as necessidades do feto e seu aplacamento através da placenta, começa a se deparar com dificuldades como a perda do seio da mãe como um aplacador contínuo de suas necessidades, a ausência da própria mãe em determinados momentos, a constatação do dejeto, do cocô, como objeto esperado pela mãe e passível de certo controle através do esfíncter, essa criança, agora, mais ou menos entre 3 e 5 anos, passa à organizar sua sexualidade entorno do genital e tentar encontrar direções para isso dentro do seu universo possível e portanto, dentro de sua trama familiar.

Freud diz que o que aparece nesse momento se trata de uma constante, algo que jamais estará ausente: o desejo de ter um filho com a mãe, nos casos dos meninos, e de ter um filho com o pai, no caso das meninas[30]. Ambos passam a perceber, entre os 3 e 5 anos, que isso tem alguma coisa a ver com seus genitais, e revelam isso através de manifestações cotidianas como dormirem junto aos pais, urinar na presença deles, mordê-los e até mimetizar "brincadeiras" supondo que ocupam um lugar na relação entre eles.

Essa criança, então, perceberá a impossibilidade de realizar tais desejos se deparando com diversos limites: um evento externo que provoca um desengano (p. ex. os pais a deixando com a babá e se trancando no quarto), uma ofensa (Tire a mão daí!), a vinda de outro irmão (que ela encarará como traição dos pais), ou apenas a

---

[30] Cf. Cf. FREUD, Sigmund. (1919) "Bate-se numa criança": contribuição para o estudo da origem das perversões sexuais. In *Neurose, Psicose, Perversão*. Tradução de Maria Rita Salzano Moraes. Belo Horizonte: Autêntica Editora, 2016

não realização, a impossibilidade do desejo incestuoso ser levado a cabo, inclusive porque a criança não tem nem um corpo preparado para isso, portanto está entremeada em uma trama sexual *impossível*. O horizonte dessa satisfação total – incestuosa – é mítica, inclusive é aí que Freud diz do *destino* do *mito* de Édipo[31], empobrecido e trágico. Esse é o caso e a constatação na clínica de famílias incestuosas, marcada por abusos sexuais. O desejo incestuoso é de certa forma um desejo diante de uma sexualidade incompreendida e marcada pela impossibilidade.

Defronte de tais limites, essa criança não terá uma alternativa senão dessexualizar as figuras de seus pais e *recalcar* tal desejo, entrando assim em um período de latência, que irá perseverar até sua puberdade, momento em que tais sentimentos se aflorarão de forma potente e reatualizarão enroscos dessa fase. Aliás, Freud é muito claro com a ideia de que todos os enroscos posteriores e, portanto, a formação dos sintomas, têm a ver com esse momento da vida da criança: "o sintoma [é] um substituto do recalcado que se afirmou apesar do recalcamento"[32]. Os efeitos da passagem pelo complexo de Édipo são o coração, o núcleo da neurose e do sintoma no adulto. Mas também são os responsáveis pela possibilidade de uma fantasia inconsciente que sustenta o desejo. É aí que entra o impasse do arranjo que cada um faz com a própria sexualidade através da fantasia. Algo dessa primeira trama familiar sempre irá perseverar na posição do sujeito adulto em sua sexualidade.

Diante dessas brincadeiras sexuais direcionadas aos adultos, as crianças vão encontrar respostas dos adultos que se imporão de forma frustrante. A satisfação incestuosa esperada será em algum momento, de alguma forma, frustrada[33], impedida, pelos adultos. Freud considera tal passagem tão essencial, universal,

---

[31] Id, p. 134
[32] Id. p. 150
[33] *Versagung*.

estrutural que compara o Complexo de Édipo com o incondicional da própria morte.

2.1. Nos meninos

O genital, no caso o pênis em seu caráter fálico, nesse momento, vira o centro de sua organização prazerosa. É importante apontar o caráter fálico, pois Freud utiliza a ideia de primazia do falo na sucessão lógica da sexualidade infantil. Antes das crianças de ambos os sexos darem conta da diferença sexual há um momento de primazia do falo: quer dizer, elas suspeitam que há apenas tal saliência, e que os seres todos possuem um falo[34], inclusive os animais e até os objetos inanimados. Isso demonstra bem a ideia freudiana do falo como um operador lógico e de certa forma *virtual*.

Mas ao mesmo tempo em que a criança, no caso o menino, volta sua atenção ao membro saliente, o falo-pênis, e passa a manipulá-lo de forma constante, os adultos, de maneira clara ou através de mensagens ambíguas, reagem de forma a contrariar esse movimento.

Então aparece a ameaça, fundamental para pensarmos no Édipo, de que esse membro, tão valorizado nessa etapa, será amputado. Visualizando esse excesso de manipulação do menino, a mãe, geralmente[35], o ameaça "em nome do" pai, do médico ou de alguma figura que de alguma forma endosse sua autoridade, geralmente deslocando a ameaça para as mãos: "Tire a mão daí senão o papai vai cortar essa mão boba fora!". Eis a ameaça de castração. A ameaça também pode acontecer quando

---

[34] Cf. FREUD, Sigmund. (1923) A organização genital infantil In *O Eu e o Id, "Autobiografia" e outros textos* (1923-1925). Trad. Paulo César de Souza. São Paulo: Companhia das Letras, 2010. v. 16

[35] Ou outras figuras costumeiramente femininas.

os pais se deparam com outras manifestações do "excesso de atividade" do pênis, comparadas com a masturbação nessa fase, como urinar todas as noites na cama. Ainda assim, o menino visualiza o seu membro e não valoriza tanto essa ameaça. Até esse momento, o menino pensa que todos os seres detêm um pênis como o dele, de forma generalizada. Inclusive faz "investigações": o compara com o de colegas e percebe, de forma exibicionista e orgulhosa, a riqueza de sensações contida nessa parte do corpo[36].

Porém, em algum momento, o menino irá visualizar uma genitália feminina, seja de uma parente, seja de uma amiguinha, e constatar que, no lugar onde ele tem essa saliência, a ela falta. E, portanto, aquela ameaça que ele não levava tão a sério, passa a fazer sentido, aliás, excesso de sentido. Ele imagina que se ela não tem, alguém realmente a amputou e o mesmo poderia acontecer a ele, e, então, a ameaça de castração vira algo possível *à posteriori*[37]. Freud, inclusive, atribui a isso o motivo da costumeira depreciação, o horror masculino diante das mulheres[38].

Ilustremos tal momento: a criança vive uma sexualidade infantil desarranjada com seu próprio corpo e impossível de ser satisfeita pois mira seus pais de forma incestuosa. Há duas possibilidades "virtuais" de satisfação para essa criança:

Desejar se relacionar com a mãe, o que por consequência coloca o pai em posição de obstáculo.

---

[36] Cf. FREUD. Sigmund. (1923) A organização genital infantil In *O Eu e o Id, "Autobiografia" e outros textos* (1923-1925). Trad. Paulo César de Souza. São Paulo: Companhia das Letras, 2010. v. 16

[37] *Nachtraglich*: no só-depois. Cf. FREUD, Sigmund. (1924) O declínio do complexo de Édipo. In *Neurose, Psicose, Perversão*. Tradução de Maria Rita Salzano Moraes. Belo Horizonte: Autêntica Editora, 2016

[38] Cf. FREUD. Sigmund. (1923) A organização genital infantil In *O Eu e o Id, "Autobiografia" e outros textos* (1923-1925). Trad. Paulo César de Souza. São Paulo: Companhia das Letras, 2010. v. 16

Colocar-se como substituto da mãe e assim ser amado pelo pai. Porém, justamente quando a criança relaciona esse desejo – direcionado à ambos os sexos, então inicialmente bissexual[39] – com seu pênis-falo, ao constatar que há a possibilidade da castração através da averiguação de que essa saliência falta para as mulheres, a criança fica diante de um paradoxo logico: "Se ocupo o lugar da posição masculina, terei como efeito a punição, por parte de meu pai, através da castração". Se ocupo o lugar da posição feminina, para substituir minha mãe, a pré-condição é que eu perca o pênis-falo".

Portanto, é nesse momento em que o exercício da sexualidade infantil se pareia com a iminência da castração: "O desejo, se eu continuar tentar levar a cabo, levará invariavelmente, como na lenda de Édipo, ao terrível destino, a perda do falo[40]". Então, nesse momento, a criança costuma escolher o próprio Eu, o interesse narcísico e assim renuncia à própria sexualidade. Esse é o momento de saída (ou de declínio) do Complexo de Édipo e a entrada em um período de latência que continuará até sua puberdade.

Nesse momento também, o que era deslocado sexualmente para os pais cai e em seu lugar a criança assume identificações que se referem à severidade do pai, à instância da lei, que Freud nomeia de *Super-Eu*[41]. A diferença entre esse recalcamento e os recalcamentos posteriores é que a partir do aparecimento de tal instância – o Super-Eu – os recalcamentos posteriores contarão com sua participação.

---

[39] FREUD. Sigmund. (1925) Algumas consequências psíquicas da diferença anatômica entre os sexos In *O Eu e o Id, "Autobiografia" e outros textos* (1923-1925). Trad. Paulo César de Souza. São Paulo: Companhia das Letras, 2010. v. 16

[40] O cegamento, na lenda, é uma metáfora da antiguidade que refere a perda do falo.

[41] Algumas traduções preferem traduzir as instâncias como Ego, Superego e Id.

Vejamos a sucessão lógica:

Organização em torno do falo → complexo de Édipo → ameaça de castração → formação do Super-Eu (identificação com a moral do pai) → período de latência

Resumidamente: a criancinha, entre 3 e 5 anos, que realizou uma ligação lógica entre o prazer situado no pênis-falo, seu valor enquanto primazia, pensando que todos os seres dispunham de uma saliência análoga, passa a desejar dentro do campo que lhe é possível, portanto, dentro da trama familiar. Isso faz com que ele mire a mãe e o pai e passe a fazer "brincadeiras": ocupar o lugar do papai, morder a mamãe, imitar a mamãe diante do papai ou então manipular o pênis o dia inteiro. A reação costumeira é a bronca: não faça isso! Não faça aquilo! Um leve tapa na mãozinha da criança.

Ao visualizar a diferença entre os genitais, essas ameaças passam a conter a mensagem de que ele pode perder esse falo-pênis e isso gera um terror à criança, que deve escolher entre sucumbir, *recalcar* tais desejos, que têm como consequência a ameaça de castração ou então perder o próprio falo. Dessas proibições, inclusive da interdição do incesto, quando a criancinha escolhe conservar o próprio falo e dessexualizar os pais, ela também assume, através da identificação, as "proibições" e as moralidades do pai enquanto lei.

Agora, ela passará por um período de latência sexual que durará até sua puberdade, momento em que a sexualidade virá novamente à tona de forma poderosa, atualizada e por decorrência de forma confusa.

2.2. Nas meninas

Freud descreve o processo do Complexo de Édipo nas meninas como algo mais lacunar, mais difícil de ser pensado, ainda que admita todas as variáveis encontradas no processo entre os meninos. A organização genital das meninas também, nesse momento, estaria concentrada no clitóris. Porém, a partir do momento em que as meninas observam a saliência dos meninos, constatam que há uma diferença e que isso poderia ser motivo de uma inferiorização, de um "não tenho o que ele tem".

É importante destacar que a bissexualidade é uma plataforma comum ao masculino e ao feminino em Freud e a primeira ligação de ambos os sexos é com a mãe. Por isso, para Freud, no caso das meninas, há uma fase pré-edípica, na qual a ligação com a mãe é preponderante[42]. A passagem, muito importante, da ligação com a mãe para a ligação com o pai tem a ver com algo multifatorial: pode ser o nascimento de um outro filho e o ciúmes decorrente disso (a criança passa a ter que dividir esse amor com a mãe) ou um momento no qual elas visualizam o membro em algum coleguinha e percebem a diferença: "onde há nos outros em mim não há, e eu quero ter aquilo que o outro tem e eu não tenho". Isso produz na menina uma espécie de "ferida narcísica"[43] e tem como consequência o que Freud chamou de "inveja do pênis"[44], uma "cicatriz" diante da diferença que ocasiona um sentimento de inferioridade (nisso, compartilhado com os meninos). Essa inveja, esse "eles têm um algo a mais que eu não tenho", um a mais que produz e ocasiona um "a menos", pode perseverar enquanto resquício e se manifestar ao longo de sua vida. A menina, então, passa a supor que em algum momento anterior, tinha tal saliência, tal membro, e que o perdeu através da castração.

---

[42] Cf. FREUD, Sigmund. (1931) Sobre a sexualidade feminina. In *Amor, sexualidade, feminilidade*. Tradução de Maria Rita Salzano Moraes. Belo Horizonte, Autêntica Editora, 2018

[43] Cf. FREUD. Sigmund. (1925) Algumas consequências psíquicas da diferença anatômica entre os sexos In *O Eu e o Id, "Autobiografia" e outros textos* (1923-1925). Trad. Paulo César de Souza. São Paulo: Companhia das Letras, 2010. v. 16

[44] *Penisneid.*

Nesse momento, a menina não entende que a mãe também não possui o pênis-falo, e, portanto, pressupõe, que fora de fato castrada. Portanto, essa verificação exclui a angústia de castração, exclui a ameaça iminente, afinal, ela já seria castrada.

Essa é a diferença radical entre o masculino e o feminino em Freud: o menino se torna para sempre temeroso, vulnerável diante da ideia de perder algo, o falo, que supõe que tenha. A menina, como encara a ideia enquanto fato consumado, exclui a angústia da castração dessa equação de vida. Dessa forma, a instalação do Super-Eu se daria através de imposições do mundo externo, este que a ameaça com a perda do amor (e não do falo). Porém, nesse momento, a ligação com a mãe será substituída pelo desejo pelo pai, isso porque essa criança que já averiguou a *diferença*, se ressente pelo fato de a mãe não ter dado o falo para ela[45], além de perceber que o amor da mãe não é exclusivo (há um irmão ou outra atividade ocupada e a própria vida cotidiana com a qual a mãe divide a atenção).

Essa virada, da substituição do desejo em direção da mãe pela direção do pai, não se dá sem conservar traços poderosos de hostilidade e ressentimento com a mãe, que podem perseverar no futuro funcionamento do sujeito. Esses traços também podem ser de medo (*angst*), nessa menina, de ser devorada, assassinada por essa figura tão poderosa, a própria mãe[46]. A relação entre filha e mãe aparece costumeiramente, por isso, como algo bastante intrincado – marcado por uma ambivalência entre o amor e o ódio – na clínica psicanalítica.

Bem, então, diante da entrada no Édipo, o desejo da menina que sucumbirá pelo *recalcamento* costuma ser o de substituir a

---

[45] FREUD, Sigmund. (1931) Sobre a sexualidade feminina. In *Amor, sexualidade, feminilidade*. Tradução de Maria Rita Salzano Moraes. Belo Horizonte, Autêntica Editora, 2018

[46] Cf. FREUD, Sigmund. (1933) A feminilidade. In *Amor, sexualidade, feminilidade*. Tradução de Maria Rita Salzano Moraes. Belo Horizonte, Autêntica Editora, 2018

mãe e ser amada, através da adoção da posição feminina, pelo pai. Há também um princípio lógico, um *deslizamento*: como a menina não tem um falo para dar ao pai, ela deseja, por muito tempo, dar um filho para o pai, como presente-fálico. Diante da irrealização, do impossível disso, o Complexo de Édipo nas meninas vai lentamente sendo abandonado, como algo aberto e não fechado.

Portanto, podemos fazer o seguinte esquema para pensar na travessia do Édipo pelas meninas:

Organização sexual fálica e Pré-Édipo (ligação, ambivalência e identificação com a mãe) → averiguação da diferença e passagem pela castração → Complexo de Édipo → construção da feminilidade

Freud parte de um pressuposto lógico: se a castração teria como resultado inibir e limitar a masculinidade e promover a feminilidade[47], a passagem por essa etapa abre o campo da feminilidade enquanto uma construção, que será mais *relativa* do que a imposição dura da "moralidade" do pai, com a qual os meninos costumam se identificar de maneira inflexível. Portanto, a passagem pelo Complexo de Édipo, no caso das meninas, seria uma abertura e a própria marca da feminilidade.

Essa é a diferença fundamental: do lado dos meninos, identificação mais inflexível do que eles interpretam ser a moralidade do pai e seus ideais. Do lado das meninas, um campo mais flexível e aberto, orientado também por "presentear" o pai com esse falo que desliza para o "filho", mas não demarcada por uma relação com as etapas de forma limitada, e sim construída através de um *trilhamento*[48].

---

[47] Id. Ibid. p. 266
[48] *Bahnen.*

A consequência disso é um caráter *singular* da posição: Freud fala que essa é a característica da feminilidade[49]. É muito importante destacarmos essa noção de Freud da feminilidade enquanto *enigma*. Mais importante é apontar a abertura deixada pelo pai da psicanálise:

> Corresponde à singularidade da psicanálise não querer descrever o que a mulher é – isso seria para ela uma tarefa quase impossível de resolver –, mas, sim, pesquisar como ela *se torna* mulher[50].

Ou seja, em Freud já encontramos a ideia do feminino enquanto um *trilhamento*, um *tornar-se*, diferente das atribuições generalistas e deterministas próprias das etapas nos homens.

Um ponto é importante destacar: Freud acentua a importância dessa etapa pré-edípica para as meninas. Ela é fundamental pois é nesse momento que, apesar de todas as ambivalências em jogo, o desejo e a hostilidade, acontece uma *identificação*[51] entre a mãe e a filha, na qual a filha incorporará funções relativas às demandas sociais e às qualidades existentes na mãe.

2.3. Os destinos das pulsões

Um dos conceitos mais importantes e mais polêmicos da psicanálise é o conceito de pulsão. Esse conceito, já em Freud, se afasta da organização do corpo através de seus órgãos físicos e se aproxima da ideia de que nossa organização corporal depende de uma sucessão de perdas e de objetos parciais que organizam nosso desejo.

---

[49] Cf. FREUD, Sigmund. (1931) Sobre a sexualidade feminina. In *Amor, sexualidade, feminilidade*. Tradução de Maria Rita Salzano Moraes. Belo Horizonte, Autêntica Editora, 2018

[50] Cf. FREUD, Sigmund. (1933) A feminilidade. In *Amor, sexualidade, feminilidade*. Tradução de Maria Rita Salzano Moraes. Belo Horizonte, Autêntica Editora, 2018, p. 246

[51] Id. p. 264

Em seu texto de 1915, "As pulsões e seus destinos"[52], Freud define a pulsão como uma *força constante* interna ao sujeito e não oriunda da externalidade, do meio. A famosa definição de "conceito fronteiriço entre o anímico e o somático"[53] é costumeiramente interpretada como uma "força que integra mente e corpo". Isso é equivocado. Freud não utiliza a palavra *mental*, que em alemão significaria mental, mas *seelichem*, anímico, que se refere à alma.

Mas isso é equivocado sobretudo porque atribui à pulsão um fator integrador de uma dualidade entre o corpo e a alma. O somático tem a ver com o corpo (*soma*), sim, mas quando Freud se refere à *fonte* da pulsão, ele diz que a reflexão sobre as fontes pulsionais não se referem ao nosso campo e tampouco nos interessa. Mais do que isso: "as fontes da pulsão podem ser inferidas, de modo retrospectivo, a partir das suas metas"[54]. A meta de uma pulsão é sempre o horizonte da *satisfação*, o que varia e que viabiliza uma satisfação *parcial*[55] é o *objeto* da pulsão. Afinal, lembremos que a satisfação total é impossível e mítica.

Sendo assim, devemos nos apartar da ideia de que para Freud a pulsão se trata de uma "energia psicossexual" de forma simples, e sim pensarmos que a pulsão opera de forma *constante* e enquanto representante psíquico com as seguintes características:

1. *Pressão*: a pulsão tem um caráter impelente[56];
2. *Meta*: é o horizonte de satisfação. Se pressupomos a satisfação sempre de modo parcial, pois a total seria aquela

---

[52] FREUD, Sigmund. (1915) *A pulsão e seus destinos*. Tradução de Pedro Heliodoro Tavares. Belo Horizonte: Autêntica Editora, 2019

[53] Id. p. 25

[54] Id. p. 27

[55] Lembremo-nos que o horizonte de satisfação plena é mítico, incestuoso e impossível.

[56] Que impele, pulsa.

mítica, impossível, a meta final permanece inalterada e inalcançável;
3. O *objeto*: é o que vai possibilitar que a pulsão tenha satisfações parciais. Seios, fezes, falo, olhar, voz, por exemplo. Ou brinquedo, carrinho, bala, videogame. O objeto é substituído por outro, incontáveis vezes, e esse é o destino próprio da pulsão. Uma ligação estreita com determinado objeto, que imobiliza esse movimento da pulsão, pode revelar uma *fixação*.
4. *Fonte*: Só podemos pensar na fonte fazendo uma inferência, pois a pulsão, *representada*[57] na vida anímica, não pode conferir ao corpo seu caráter orgânico, preocupação que seria de outros campos de estudo, talvez da química ou da mecânica. Portanto, pressupomos que a fonte tenha a ver, retroativamente e enquanto uma consequência lógica, com a *meta*.

Bem, se admitimos um movimento da pulsão a partir dessas substituições do objeto, é importante pensarmos sobretudo em seus destinos. Freud dá o exemplo da pulsão escópica (o olhar) para ilustrar os três tempos da pulsão:

No primeiro momento, o sujeito olha um objeto;

A pulsão de olhar se dirige, no segundo tempo, para uma parte do próprio corpo. Ele se contempla. De "o menino vê", para "o menino se vê a si mesmo no espelho". Freud[58] diz que o verbo ativo não passa para a voz passiva, "o menino é visto", mas para a *voz média reflexiva*.

No terceiro tempo, há a inclusão do outro sujeito, portanto, a pessoa se pretende observada por ele: "se fazer visto pelo outro".

Há um tempo anterior, marcado pelo autoerotismo, no qual o sujeito olha o seu próprio corpo. É no corpo do outro que ele

---

[57] "(...) trieb reprasentiert ist", Id. p. 26
[58] Id. p. 39

vai encontrar algo análogo e então deslocar seu erotismo para o objeto. Só podemos pensar em pulsão a partir desse circuito que perpassa o outro, enquanto mirada, analogia e atividade de captura do olhar do outro através do "se fazer visto".

Podemos afirmar que uma parte importante de um processo de análise tem a ver com o sujeito não se escamotear, se excluir de seu arranjo pulsional: portanto, se reconhecer nesse movimento de "se fazer visto", "se fazer desejado", "se fazer amado" pelo outro. Freud diz que é o objeto que proporciona, que causa prazer, gera uma "atração"[59] do sujeito e o movimenta em direção a ele. O movimento da pulsão é justamente essa substituição dos objetos ao longo de sua vida. A *transferência* é o momento no tempo em que o sujeito assume seu analista como um dos objetos nessa sequência. Então, para Freud, o desejo depende desse reconhecimento no outro de um objeto análogo e que o inclui no campo: se "fazer desejado pelo outro" costumeiramente é o que em uma análise vai aparecer como algo estranho, algo que o sujeito ainda "não sabe" que ele mesmo protagoniza.

2.4. A fantasia de surra: três tempos

Freud isola uma fantasia sexual da primeira infância quando se refere à "fantasia de surra" que é bem icônica e um exemplo importante para pensarmos a fantasia como aquilo que sustenta o desejo, por mais paradoxal que possa parecer.

Em "'Bate-se numa criança': contribuição para o estudo da origem das perversões sexuais (1919)[60], Freud descreve essa fantasia em três tempos:

---

[59] Id. p. 57

[60] Cf. FREUD, Sigmund. (1919) "Bate-se numa criança": contribuição para o estudo da origem das perversões sexuais. In *Neurose, Psicose, Perversão*. Tradução de Maria Rita Salzano Moraes. Belo Horizonte: Autêntica Editora, 2016

1. No primeiro, a criança fantasia que *outra* criança é surrada por seu pai.
2. No segundo tempo, a fantasia se organiza para substituir essa outra criança por ela própria e aquele que bate contínua sendo o pai.
3. No terceiro tempo, a pessoa que bate permanece indeterminada ou é substituída por alguma figura análoga ao pai, um professor, bedel etc. Agora a criança já não aparece na fantasia, ela apenas visualiza outras crianças apanhando. A diferença, é que nesse terceiro tempo, tal fantasia tem um caráter sexual curioso: o de ver outras crianças (sobretudo meninos) apanhando. No caso dos meninos, essa figura de autoridade que bate costuma se transformar em uma mulher, e, portanto, podemos pensar que o recalcamento fez com que se deslocasse para a mãe. No das meninas, o que se transforma é a figura que apanha, que costuma ser do sexo masculino. Nas duas posições há essa origem passiva.

A fantasia edípica masoquista na menina parte do "sou surrada pelo meu pai" e a do menino "sou amado pelo meu pai". Na menina existe um momento anterior, "uma criança é surrada", no menino não. Portanto, a posição passiva da menina é transformada em ativa, uma figura masculina bate em meninos.

Mas no terceiro tempo da menina, ela troca o sexo daqueles que apanham (meninos apanham). O menino troca o sexo daquele que bate, portanto, que uma mulher mais velha bata em meninos, assim sendo troca o pai pela mãe. Desta forma o menino evitaria a posição feminina e a menina fantasia que é homem sem se tornar masculina, apenas testemunhando, como espectadora, a cena. Ou seja, ela se escamoteia, como espectadora, da cena.

É interessante destacar essa fantasia pois a diferença diante do recalcamento referente à bipartição sexual parece remeter diretamente ao que Freud definiu, em seus últimos trabalhos, serem as formações psíquicas mais inacessíveis à análise: "(...) na mulher, o desejo por um pênis; no homem, a atitude feminina quanto ao próprio sexo, cujo pressuposto, certamente, seria a perda do pênis"[61]. Portanto, em ambos os sexos, essas "formações" mais inacessíveis se referem aos desejos referentes em direção ao que ocupa o lugar de outro em sua relação com o falo.

Em uma análise, é comum que o paciente descreva uma fantasia que opera em suas relações amorosas e sexuais como algo que se repete, mas que ele não tem nada a ver com isso. Que haja um desejo naquilo que se repete é algo que o sujeito irá perceber em determinado ponto de seu percurso analítico. O indeterminado de "Uma criança apanha", se transforma em uma dúvida e uma implicação, "onde apareço nessa fantasia que me concerne"?

2.5. Diferença sexual, libido e críticas contemporâneas a Freud

Para Freud, há apenas uma libido, enquanto força pulsional da vida sexual, que opera para ambos os sexos. Não há uma libido masculina e outra feminina. Em "A feminilidade"[62], Freud chega a chamar a diferença entre os sexos de *função*: "só existe uma libido, que está a serviço tanto da *função* sexual masculina quanto da feminina".

Uma função só é definida por suas relações e é basicamente o que liga um conjunto a outro conjunto. Essa passagem demonstra bem o quanto Freud se afasta da ideia de que a diferença sexual

---

[61] FREUD, Sigmund. (1940) *Compendio de Psicanálise e outros escritos inacabados*. Tradução de Pedro Heliodoro Tavares. Belo Horizonte: Autêntica Editora, 2017, p. 143

[62] FREUD, Sigmund. (1933) A feminilidade. In *Amor, sexualidade, feminilidade*. Tradução de Maria Rita Salzano Moraes. Belo Horizonte, Autêntica Editora, 2018, p. 262

cromossômica é um determinante unívoco, teleológico, tanto para a escolha sexual quanto para os diferentes modos – Freud chama de caracteres – que o sujeito irá se servir para performar sua sexualidade e erótismo na vida adulta.

Autores e intérpretes contemporâneos reivindicam a ideia de que Freud se baseava unicamente na *biologia* para estabelecer um ideal quanto ao sexo do sujeito. Tal argumento é consequência de uma escolha de leitura, por vezes descontextualizada, de extratos da obra freudiana. Por exemplo, a passagem na qual Freud faz alusão à frase de Napoleão, "A política é o destino" e a transforma, dizendo *"A anatomia é o destino",* aparece em dois momentos de sua obra: o primeiro, em "Sobre a mais geral degradação da vida amorosa" (1912)[63] tal passagem conserva um sentido sim, determinante, que localiza os genitais "entre a urina e as fezes".

Mas sua referência no texto diz respeito ao momento no qual o homem teria se afastado, através da postura bípede, das pulsões coprofilias[64], "(...) São principalmente os componentes pulsionais coprófilos que se mostram intoleráveis com a nossa cultura estética, provavelmente desde que, através da postura ereta, nosso órgão olfativo se ergueu da terra"[65].

O imutável, nesse sentido, é que o lugar dos genitais esteja localizado entre a urina e as fezes (para ambos os sexos), e que a relação entre o sexual e o excrementício forme uma unidade intima e inseparável, paradoxo também do desejo sexual. A ilação, o forçamento para que tal passagem seja isolada e usada para "provar" que Freud teria se apoiado unicamente na biologia para pensar a escolha sexual, é corriqueiro.

---

[63] FREUD, Sigmund. Sobre a mais geral degradação da vida amorosa (1912). In *Amor, sexualidade, feminilidade*. Tradução de Maria Rita Salzano Moraes. Belo Horizonte, Autêntica Editora, 2018, p. 111

[64] Pulsão que se liga às fezes e ao ânus.

[65] Id. Ibid.

Já na sua segunda aparição, a frase remonta à diferença sexual, em "O declínio do Complexo de Édipo" (1924)[66], ele diz abertamente – se referindo à ideia de que o movimento feminista propunha *igualdade* – que há diferença, que a "anatomia é o destino". Ou seja, sua paródia, para incorrer na ideia de diferença biológica como determinante de um sexo ideal, seria transformar a máxima em "*a anatomia é o início*" e não o "destino". Mantendo a palavra destino, Freud pressupõe que haja alguma diferença e que a anatomia seja efeito – destino – de um engajamento, de uma "história libidinal" e que a sexualidade ocupe o protagonismo da vida política, assim como a política ocupava na frase dita por Napoleão e citada por Goethe.

Algumas passagens de Freud são revolucionarias quanto à possibilidade de pensarmos que – mesmo assumindo uma matriz bissexual universal e a bipartição entre os sexos masculino e feminino – a sexualidade pode assumir diversas direções.

Freud é considerado, sobretudo em outras disciplinas, um autor antiquado, ultrapassado ou machista. Há, claro, enquanto reflexo da época, algumas passagens nas quais Freud incorre no que hoje é considerado machismo. Porém, suas descobertas, sobretudo no que se refere ao acento lógico da diferença sexual enquanto determinante para o recalcamento e a produção dos sintomas é, cremos, invariável e extemporâneo.

Algumas variantes importantes que correspondem aos curtos períodos históricos dizem respeito ao modo de apresentação dos sintomas. Freud não se furta de considerar o elemento cultural nessa equação, de que a constituição da criança não pode prescindir,

> (...) da influência parental, a qual, como precursora do Supereu, limita a atividade do Eu através de proibições e punições, e promove

---

[66] FREUD, Sigmund. (1924) O declínio do complexo de Édipo. In *Neurose, Psicose, Perversão*. Tradução de Maria Rita Salzano Moraes. Belo Horizonte: Autêntica Editora, 2016

ou força o estabelecimento de recalques. Por isso, não devemos nos esquecer de incluir a influência cultural entre os condicionantes da neurose[67].

É provável que parte das bruxas medievais fossem chamadas – se transpostas por uma máquina do tempo – tanto por nós quanto pelos contemporâneos de Freud, de histéricas, o que empresta ao trato e a degradação do feminino por parte do masculino um traço contínuo e invariável na História, mas suas designações, nomeações e tratamentos, absolutamente variáveis de acordo com o tempo histórico. Hoje temos o privilégio de lidar com a inaceitabilidade disso na Cultura, efeito também de incontáveis lutas políticas.

Mas já em Freud a ideia de bipartição sexual biológica como determinante dos destinos pulsionais do sujeito é rechaçada. Uma passagem no texto "Bate-se em uma criança", na qual Freud rechaça uma especulação de Fliess, de que a predisposição bissexual resultaria no simples recalcamento dos caracteres do sexo oposto, subjugado pelo seu "sexo dominante", poderia simplesmente findar a discussão de tão cristalina que a ideia se apresenta: é a ideia de Freud de que há uma montagem *pulsional* que independe do sexo biológico do sujeito:

> (...) No entanto, isso [a especulação de Fliess] só pode oferecer um sentido palpável se deixarmos que se determine o sexo de um ser humano pela forma dos seus genitais, do contrário não se saberia ao certo qual o sexo mais forte de um ser humano pela forma dos seus genitais, e correríamos o risco de voltar a obter o resultado da investigação aquilo mesmo que deveria servir como ponto de apoio.

---

[67] Cf. FREUD, Sigmund. (1940) *Compêndio de Psicanálise e outros escritos inacabados*. Tradução de Pedro Heliodoro Tavares. Belo Horizonte: Autêntica Editora, 2017, p. 119

Resumidamente: no homem o que há de recalcado inconsciente pode remontar a moções pulsionais femininas, ocorrendo o inverso na mulher.[68]

Remontar é uma palavra que podemos destacar e isolar para pensar na ideia de Freud sobre a diferença sexual, as escolhas futuras de cada sujeito e seus modos de performar a própria erótica e admitir a sexualidade enquanto uma função, e não uma teleologia, um "início, meio e fim" antecipados. Aliás, quando Freud faz um relato de caso de uma jovem homossexual, se refere a sua exposição como uma exposição panorâmica da *história libidinal*[69] da paciente.

Se Freud pressupõe que haja uma *história libidinal*, ele parte de um ponto, de uma premissa, a de que a sexualidade tem a ver com escolhas diante do que se impõe, limita, priva e se apresenta ao sujeito desejante – aquele que desde a mais tenra infância lida com a perda – e como ele opera diante do *falo*: que, sem tanto forçamento conceitual, podemos admitir como um operador lógico: um "a menos" e um "a mais" que produz desejo e angústia, de um lado medo de perder e de outro desejo de ter (com todos os deslizamentos possíveis) e baliza a forma como o sujeito irá exercer ou paralisar, através do sintoma, sua sexualidade adulta.

É importante frisar que nesse capítulo tentamos manter precisão e fidelidade ao texto freudiano, o que é, também de forma absoluta, impossível. Porém, o leitor poderá perceber que fizemos o máximo para referenciar nossas citações, de acordo com o texto adotado em cada passagem. Toda tentativa de transmissão,

---

[68] Cf. FREUD, Sigmund. (1919) "Bate-se numa criança": contribuição para o estudo da origem das perversões sexuais. In *Neurose, Psicose, Perversão*. Tradução de Maria Rita Salzano Moraes. Belo Horizonte: Autêntica Editora, 2016, p. 149

[69] FREUD, Sigmund. (1920) Sobre a psicogênese de um caso de homossexualidade feminina. In *Neurose, Psicose, Perversão*. Tradução de Maria Rita Salzano Moraes. Belo Horizonte: Autêntica Editora, 2016

sobretudo de forma sintética, é arbitrária. Freud trabalhou com o tema do Complexo de Édipo em diversos textos e o leitor irá pesquisar e averiguar se nossa bricolagem – impregnada, claro, de interpretações e traições – coaduna e "casa" com sua própria leitura e pesquisa.

3.

O APARELHO PSÍQUICO

A inspiração da neurofisiologia sempre esteve presente em Freud, do início ao fim de seus trabalhos. Neste capítulo, isolaremos os dois modelos de aparelho psíquico que se organizam em sua obra, suas características e pontos de correlação. Há um funcionamento, uma lógica presente nos dois que nos ajudam a entender suas dinâmicas.

Essa lógica persiste até seus últimos textos, incluindo o Compêndio (1940). Freud chama esse modelo de *aparelho* psíquico e o compara, inclusive, com um telescópio ou microscópio[70]. Bem, há um movimento permanente em jogo nesse aparelho, que é atravessado por uma excitabilidade (desprazer) e se regula por uma descarga (prazer = refreamento da excitabilidade). Freud incorpora um conceito da fisiologia chamado de arco reflexo para pensarmos nesse movimento,

---

[70] Freud, Sigmund. (1940) Compêndio de Psicanálise e outros escritos inacabados. Tradução de Pedro Heliodoro Tavares. Belo Horizonte: Autêntica Editora, 2017, p. 15.

Para o entendimento da lógica em jogo em Freud não precisamos nos ater aos detalhes da neurologia. O leitor provavelmente conhece esse circuito pois algum médico averiguou seu reflexo patelar: um martelinho e uma pequena batida em seu joelho seguida da extensão da sua perna. Um receptor sensível (pele/tendão) recebe um estímulo, um órgão efetuador (músculo) responde.

Freud incorpora esse movimento e parte do pressuposto de que nosso aparelho psíquico responde à toda excitabilidade com uma descarga como forma de regulação. A excitabilidade podemos chamar de *desprazer* e a descarga de *prazer*.

Eu seu primeiro modelo, Freud isola três instâncias do aparelho psíquico: o *pré-consciente, inconsciente* e *consciente*. Na extremidade do polo sensível o que nos interessa tem a ver com nossas *percepções*. Portanto, por analogia, a base de nosso aparelho reflexo ficaria assim:

Excitação → Descarga
Sensível → Motor
Estímulos [Internos ou Externos] → Inervações

Nesse primeiro modelo de aparelho psíquico, entre o que recebemos de estímulos (internos ou externos) e a atividade motora, há um circuito que faz com que essas excitações se propaguem em um sistema que Freud chama de mnêmico: "Das percepções que nos chegam, permanece um traço em nosso aparelho psíquico, que podemos chamar de 'traço mnêmico'"[71]. Portanto, o sistema perceptivo recebe o estímulo, mas não retem nada relativo à memória, e esse segundo, o mnêmico, conserva *"traços de memória"*. Há várias camadas desse "sistema mnêmico", mas podemos pressupor que a primeira camada irá fixar associações desses traços de memória pela *simultaneidade*, portanto, pelo encontro do estímulo (excitação) no mesmo espaço-tempo que o traço de memória. Nas camadas seguintes, podemos admitir que as associações ficarão fixadas por *similaridade*, ou seja, pelas relações íntimas entre esses traços mnêmicos, em seu grau de resistência a condução do estímulo.

Para elucidar um pouco esse caminho, voltemos ao aparelho com a lógica do arco reflexo:

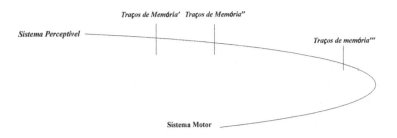

Imaginemos então que, o que percebemos, do lado esquerdo, aumentará nosso grau de excitabilidade e percorrerá esse circuito através de traços de memória. Esses traços de memória podem ser divididos, em sua relação íntima, entre o *primeiro*, marcado pela *simultaneidade*, e os sequentes, marcados pela *similaridade*. Há uma relação entre eles e nossas *impressões* dos estímulos geram essas marcas. As primeiras, que inauguram essas marcas, são as da primeira infância, por óbvia cronologia. Essas produziram, também, o mais forte efeito sobre nós mesmos, e, portanto,

---

[71] Cf. Freud, Sigmund (1900) A interpretação dos sonhos. Tradução de Paulo César de Souza. São Paulo: Cia. Das Letras, 2019, p. 588.

quase nunca se tornam conscientes. O leitor percebeu que aqui introduzimos uma instancia psíquica, a *consciência*. Voltemos então ao nosso modelo, incluindo as três instâncias referidas:

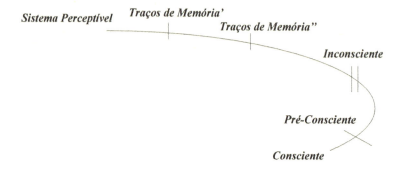

Bem, visualizando a figura, introduzimos as três instâncias psíquicas, e agora, qualquer estímulo que atravessa o sistema perceptível passa por 5 sistemas: Sistema Perceptível → Sistema Mnêmico → Inconsciente → Pré-Consciente → Consciente. Em Freud, esse é o modelo de aparelho psíquico que aparece em 1900, na Interpretação de Sonhos[72].

O circuito funciona desta maneira: o sistema recebe um estímulo interno ou externo e há uma excitação vista como desprazer, essa excitação atravessa os traços de memória, e se relaciona com esses traços por *similaridade* e *simultaneidade*, ou seja, por informações que sejam análogas a outras já experimentadas e de acordo com o encontro no tempo entre essas informações. No inconsciente, elas se transformam em palavras e imagens que obedecem à duas formas de transformação, ao *deslocamento* e a *condensação*.

Vale a pena neste momento se deter um pouco no que Freud chama de *condensação* e *deslocamento*. A condensação basicamente se trata de uma tradução que conserva analogias entre

---

[72] Id. Ibid.

elementos, pontos nodais[73] dos conteúdos inconscientes, por exemplo, expressões, sintagmas, anagramas, palavras-compostas, que aparecem nos sonhos e que representam todo um conteúdo inconsciente, de forma lacunar e, consequentemente, uma ideia pode acolher o investimento de várias outras[74], fazer uma espécie de bricolagem.

No deslocamento, há uma substituição: um elemento psíquico valioso é substituído por um fragmento menos expressivo, por exemplo, uma lembrança do dia a dia, e então, uma ideia cede à outra seu montante de investimento. Marquemos também duas características precisas do sistema *Inconsciente*: ele é atemporal, não diz respeito nenhum a cronologia, ao tempo do relógio e não é ordenado temporalmente. Há ausência de contradição, ou seja, duas ideias contraditórias podem coexistir sem que se colidam e esvaziem[75]. No inconsciente, posso querer *e* não querer fazer algo de forma simultânea.

Bem, já o *Pré-Consciente* seria uma espécie de tela protetora[76] para que a vazão dessas informações fosse minimamente "protegida" da potência dos estímulos recebidos. É também no Pré-Consciente que o desconhecido do inconsciente ganharia alguma *representação verbal*[77], ainda que o sentimento se conservasse o mesmo.

---

[73] Cf. Freud, Sigmund (1900) A interpretação dos sonhos. Tradução de Paulo César de Souza. São Paulo: Cia. Das Letras, 2019, p. 591, p. 324.

[74] Cf. Freud, Sigmund. (1915) O inconsciente. Tradução de Paulo César de Souza In Introdução ao narcisismo: ensaios de metapsicologia e outros textos (1914-1916). Trad. César de Souza: Companhia das Letras, 2010.

[75] Id. p. 128.

[76] Cf. Freud, Sigmund (1900) A interpretação dos sonhos. Tradução de Paulo César de Souza. São Paulo: Cia. Das Letras, 2019, p. 591.

[77] *Wortvorstellungen, representação da palavra*, que em "O inconsciente" (1915), op cit., Freud diferencia da *representação da coisa*, a primeira referindo ao Pré-Consciente e a segunda ao Inconsciente.

Podemos imaginar que, nesse circuito, além do movimento progressivo em direção à consciência, há um movimento regressivo: no sonho, por exemplo, a representação do inconsciente se une à imagem sensória e realiza o movimento contrário, em direção da percepção. É por isso que vivemos a experiência do sonho com plena "vivacidade sensorial"[78]. Devemos pensar então esse modelo como um circuito que permite movimentos progressivos e regressivos.

Não dando conta de alguns impasses desse primeiro modelo de aparelho psíquico, Freud inclui outras categorias para organizar três instâncias em sua descrição das superfícies (topológica) de 1923[79]: o Isso, o Eu e o Super-eu.

Vejamos então nosso arco baseado nessa adição:

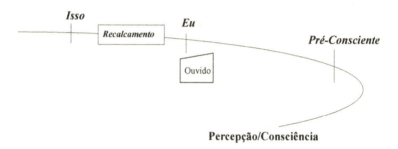

Basicamente, tomamos como o *Eu*, uma instancia que fazia parte do *Isso* mas foi modificada de acordo com a influência do mundo externo. O Eu serviria como uma espécie de mediador, que também tenta fazer valer o princípio da realidade, o mundo externo ao Isso. O Isso é regulado absolutamente pelo princípio do prazer. Mas o Eu também é responsável por dar vazão e assim regular, dar descarga às pulsões que estão no Isso e que, portanto,

---

[78] Id. p. 593.
[79] Cf. Freud, Sigmund. (1923) O Eu e o Id. In In O Eu e o Id, "Autobiografia" e outros textos (1923-1925). Trad. Paulo César de Souza. São Paulo: Companhia das Letras, 2010. v. 16.

se encontram no inconsciente. O leitor deve ter em mente, ao visualizar esse arco reflexo, a ideia de que a percepção pode ser interna ou externa. Mas Freud dá destaque à uma percepção nesse momento: a auditiva e inclusive coloca um "boné acústico" em tal esquema, propondo um destaque da influência da *voz* na dinâmica do aparelho psíquico.

Freud chega a chamar o Eu de "projeção de uma superfície"[80], que podemos considerar como uma espécie de projeção virtualizada. Já o Super-Eu trata-se de um grau, de uma gradação do Eu. Bem, antes de comentar alguns pontos do Super-Eu, voltemo-nos ao arco: supomos que o Isso mire, invista em objetos com o objetivo de *satisfação*. Mas entre o Isso e o Eu, e, portanto, a direção do mundo externo, onde se encontram os objetos que poderiam satisfazê-lo, se encontra a barra do *recalcamento*, processo do qual tratamos no capítulo anterior. O Eu é a instância que aprova ou afasta os investimentos libidinais, ora mirando em sua própria conservação, ora em objetos externos.

O *Eu*, se pudéssemos definir de maneira direta, é o efeito da história dos investimentos libidinais abandonados. Há muita beleza nessa definição de Freud pois podemos pensar que é justamente como consequência de nossas perdas que se deriva uma noção virtualizada de *Eu*. Assim Freud define seu caráter: "É um precipitado dos investimentos objetais abandonados, de que contém a história dessas escolhas de objeto"[81].

Já o Super-Eu é, então, um *resíduo*, uma consequência das escolhas objetais primeiras do sujeito. A criança atravessa o complexo de Édipo e, da consequência de seu desejo e da renúncia diante da possibilidade da castração, ela abandona o objeto, que cai, que produz um efeito no Eu e o altera, através da identificação. Freud

---

[80] Id. p. 32.
[81] Cf. Freud, Sigmund. (1923) O Eu e o Id. In In O Eu e o Id, "Autobiografia" e outros textos (1923-1925). Trad. Paulo César de Souza. São Paulo: Companhia das Letras, 2010. v. 16, p. 36.

dá o exemplo da crença dos povos primitivos que, ao comerem animais ou até na prática do canibalismo, incorporavam traços do caráter daquele incorporado. Mas algo se transforma e produz um resíduo no Eu a partir disso.

Assim seria a identificação nesse momento: a criança perde o *objeto*, mas incorpora a advertência, "Você deve ser como seu pai", e a proibição, "Você não pode fazer tudo aquilo que seu pai faz, portanto, não pode ser exatamente como ele". Desses imperativos surge o Super-Eu, o resultado da relação da criança com os pais. Se o Eu representa o mundo externo para o Isso, o Super-Eu então é a instancia na qual se operam os ideais da cultura, convertidos em ideais do Eu, com todas as transformações que remetem à moralidade vigente e a interpretação dessas exigências por parte do sujeito.

Nessa *topologia*, que trata do estudo das superfícies e da espacialidade do aparelho psíquico, a figura e o caráter descritivo servem sobretudo para uma apresentação didática de tais instancias. Lembremo-nos sempre que o Eu é uma parte diferenciada do Isso, e que o Super-Eu é uma derivação do Eu, consequência da *identificação*, na travessia do Complexo de Édipo, que resulta na incorporação, pela criança, do que ele entendeu ser a moral do pai.

Nosso percurso isolou os dois modelos de aparelho psíquico: o primeiro baseado em uma relação entre os sistemas: Inconsciente → Pré-Consciente → Consciente; e o segundo baseado na relação entre as três instâncias psíquicas, o Isso, o Eu e o Super-Eu. O pano de fundo, a lógica subjacente sempre fora a do arco reflexo, que marca a oposição entre Excitabilidade → Descarga / Prazer → Desprazer. Diante de nossa leitura, proporemos agora uma figura que abrigue, de forma sintética, o aparelho psíquico pensado por Freud.

Sendo assim, eliminaremos algumas etapas e conceitos que, no decorrer de seus textos, foram abandonados, prescritos ou pormenorizados por Freud. Alguns se mantiveram, desde a

Interpretação dos Sonhos (1900) até o Compêndio de Psicanálise (1940). Essa persistência também se refere à lógica: o arco reflexo enquanto um modelo de regulação do aparelho psíquico nunca foi proscrito, abandonado.

Vejamos então nosso arco baseado nessa síntese:

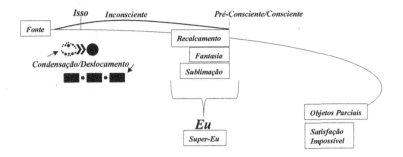

Percorramos então o aparelho psíquico: lembremo-nos que quando Freud se refere a fonte da pulsão, a pensa retroativamente relacionada à suas metas: as pulsões parciais então, se organizam representando zonas erógenas específicas[82]. Há pulsões escópicas, ligadas ao olhar, coprofílicas, ao excremento, oral anal, fálica. Podemos pensar a pulsão, então, de acordo com um estímulo *representado* na fonte (excitabilidade), que percorre um movimento de vasão, de forma constante e mira a satisfação, sempre impossível (*incesto mítico*, meta última).

Ao invés da satisfação absoluta, a pulsão encontra objetos parciais. Esses objetos são perdidos (seio, excremento, pênis, mãe, pai, esposa, marido, analista). De uma primeira perda, há o efeito projetivo de um *Eu*, uma ilusão de unidade que irá se fomentar da sequência de objetos perdidos. Além de se fomentar dessa forma, irá também tentar se conservar e proteger, sendo responsável

---

[82] Cf. Freud, Sigmund. (1940) Compêndio de Psicanálise e outros escritos inacabados. Tradução de Pedro Heliodoro Tavares. Belo Horizonte: Autêntica Editora, 2017, p. 31.

tanto pelos movimentos voluntários quanto pela autoconservação e mediação com relação ao mundo exterior.

Há um movimento de preservação do Eu quando este recebe estímulos fortes do exterior e apreende a "modificar o mundo exterior de modo adequado à sua própria conveniência"[83]. Portanto é impossível pensar para Freud em uma realidade "compartilhada" entre os seres humanos, afinal. Em relação ao interior, é o Eu que intermedia as pulsões e escolhe se reprime ou se existem circunstâncias adequadas para destiná-las à certo objeto parcial.

Um aumento de desprazer, oriundo do exterior ou do interior, é visto pelo Eu como *"sinal de angústia"*. Quando dormimos, o Eu se desliga do mundo exterior e se "distribui" em nosso aparelho psíquico[84]. Essa é instância que se "equilibra" cumprindo as exigências do Isso, da realidade e do Super-Eu.

Bem, diante da perda dos pais enquanto objetos de desejo, para que o sujeito preserve o falo e, portanto, da renúncia ao incesto para a preservação "narcísica", há uma identificação que resultará em uma instância da moral, uma digressão e resquício do Eu chamada de Super-Eu. Nela estão contidas não só a influência dos pais, mas as tradições da família transmitidas entre gerações.

Enquanto efeito do recalcamento, as pulsões sexuais serão sempre representadas por decorrências de deslocamento e condensação. O inconsciente se estrutura dessa forma: substituindo palavras que se "colam" com imagens que remontem diretamente ao proibido do incesto, atenuando por substituição ou transformando por condensação a mensagem. Depois de um primeiro recalcamento, há recalques posteriores que podemos pensar enquanto mensagens cifradas com o valor de *sintoma*.

---

[83] Cf. Freud, Sigmund. (1940) Compêndio de Psicanálise e outros escritos inacabados. Tradução de Pedro Heliodoro Tavares. Belo Horizonte: Autêntica Editora, 2017, p. 17.

[84] Id. Ibid.

Para Freud, há sempre um resto que persevera – mesmo para o sujeito que foi até o fim em sua análise – dessa passagem pelo Complexo de Édipo. Esse resto é responsável por produzir sintomas e determinar a forma como o sujeito deseja, as fantasias que utiliza e seu modo de funcionar no mundo. Dos destinos da pulsão, é importante demarcar que para dar vazão e, portanto, mirar um objeto parcial, é preciso que o sujeito o recobra com uma *fantasia*. Por esse motivo, Freud nomeia como *fixação*, quando o sujeito não consegue substituir seu objeto parcial de forma que ele só consiga ter prazer e dar vazão à sua pulsão na presença de algo que remete a esse único objeto. A mobilidade da libido, portanto, é uma característica importante da vida: "a facilidade com que ela passa de um objeto a outros"[85].

Então, o destino pode ser a *fantasia*, que opera a possibilidade do sujeito exercer sua sexualidade e seus investimentos libidinais, e a *sublimação*, que possibilita que o sujeito mire essas pulsões em realizações culturais, artísticas, da família e do cotidiano.

Nosso modelo de aparelho psíquico objetivou apresentar ao leitor uma síntese, uma "bricolagem" entre as instâncias que aparecem na obra de Freud e, sua formulação do aparelho psíquico em 1900, na "Interpretação dos sonhos" e reformulação em 1923, em "O Eu e o Isso". Partimos do pressuposto de que há elementos interessantes para serem apresentados e mantidos em ambos os estudos sobre a superfície, o lugar (*topos*) de tal aparelho.

---

[85] Id. p. 31.

4.

O INCONSCIENTE

O inconsciente é a bussola da clínica e da teoria psicanalítica. A noção psicanalítica de *Inconsciente* fora criada por Freud, que o isolou, descreveu, supôs seus limites, fronteiras e lugar. Além disso, formulou uma topologia, dinâmica e economia próprias para seu funcionamento. Essa apropriação freudiana é a marca e a distinção da psicanálise. Antes de Freud, o inconsciente fora pensado de outras formas: como simples par oposto da consciência, como intervalo da vigília e como profundidade mística a ser desvelada.

O conceito de inconsciente formulado, reformulado e recriado por Freud sempre esteve no desenvolvimento da teoria psicanalítica e, de certa forma, fora o responsável por uma mobilidade teórica que não cessou até os últimos anos da vida do criador da psicanálise. O método de Freud fora justamente guiado pela escuta do inconsciente, por isso que se difere absolutamente de qualquer outra terapêutica baseada em uma cura, homeostase ou equilíbrio. Cada vez que Freud assentava em um equilíbrio, em algum esquema pronto, ele se deparava com alguma manifestação produzida pelo inconsciente e se dispunha a reformular suas premissas.

Comecemos demarcando alguns limites de seu conceito. O inconsciente não é a "profundidade" do aparelho psíquico e tampouco efeito puro de nossos esquecimentos. Também não é uma metáfora do oráculo nem da caixa de Pandora. Seu funcionamento é uma consequência lógica do recalcamento, sua economia dá vazão às pulsões e seu horizonte é a descarga de excitabilidade. O recalcamento, efeito da proibição do incesto, que inclui o atravessamento do Édipo e a instalação do *supereu*, empresta uma condição ao desejo humano característica: a de ser atravessado, sustentado por uma fantasia que inclui tal conteúdo de maneira transformada – através da condensação e do deslocamento – e que se apresenta de diversas formas para o sujeito. Dessas formas, extraímos seus produtos: o *lapsus linguae*[86] (lapso), equívocos de memória e de linguagem, esquecimento de nomes, sonhos, atos falhos, chistes. Esses produtos podem ser eficazes e por vezes atravessar, de maneira transformada, a consciência. Mas, o movimento inverso não é possível: não conseguimos mirar a consciência e acessar *diretamente* um sonho, um lapso, um trocadilho acidental ou uma palavra que nos falta. O produto do inconsciente é também produto do encontro entre fala e escuta, entre falar e se fazer escutado.

Muitas vezes, o analista é aquele que traduz o produto do inconsciente, insta o paciente a traduzi-lo ou desdobra o conteúdo em cadeia com outros conteúdos, através da associação. É por isso que ao paciente é solicitado que fale o mais livremente possível, para que possa haver uma *associação livre*, única regra e princípio para uma análise. Podemos também pressupor que quando o *produto* do inconsciente inclui o analista – um sonho, um ato falho que o admita – há uma entrada em análise, e não apenas a

---

[86] Cf. em Freud, Sigmund. (1912) Algumas observações sobre o conceito de inconsciente. In Observações psicanalíticas sobre um caso de paranoia relatado em autobiografia ("O caso Schreber"), artigos sobre técnica e outros textos. Tradução Paulo César de Souza: Companhia das Letras, 2010.

tagarelice do dia a dia, o "resumo da semana". Podemos chamar esse sujeito implicado em sua análise, já sob transferência, de *analisante*, admitindo nessa forma verbal que esse sujeito esteja em ação, assim outras palavras em português mostram toda sua vitalidade no particípio presente, como cantante e amante.

Freud pensou o inconsciente por muitas vias e o transformou no principal conceito da psicanálise. Ao perceber que havia algo de intraduzível nos sintomas de seus pacientes neuróticos e que, de alguma forma, aparecia nesses *produtos*, nesses atos involuntários, Freud supôs um destaque ao inconsciente, o isolou e o descreveu. Ao descrevê-lo, pensou seu funcionamento pela via tópica, espacial, temporal, dinâmica e econômica, através da mobilidade pulsional frente ao recalcamento. Em outras palavras, no esforço de extrair ao máximo generalidades, *conceitos* diante do que aparecia repetidamente em sua clínica, Freud transformou essas manifestações no principal meio de observação, escuta e tratamento dos sintomas neuróticos. Do singular de cada caso, extraímos uma plataforma comum conceitual que orientou a psicanálise e produziu generalidade que nos guiam na clínica.

Mas, é importante apontar que o inconsciente pensado por Freud foi transformado, principalmente nas manifestações artísticas, culturais, cinematográficas e literárias, em algo que se difere radicalmente de sua suposição. Podemos assumir então, duas negações:

1 – O inconsciente não é uma segunda consciência que nos habita.
2 – O inconsciente não é uma subconsciência.

Essas duas premissas têm a ver com um engano recorrente: o de atribuir ao inconsciente uma segunda, terceira ou quarta camada de consciência, alternativa, ou então pensá-lo como um derivado da consciência (*sub*). Pressupor um inconsciente é pressupor que haja "atos psíquicos privados de consciência"[87], acessíveis unicamente pela dos atos involuntários, dos lapsos, dos sonhos. Portanto, de seus *produtos*.

Também precisamos fazer mais uma diferenciação: há diversos sentidos para o uso da palavra e até do conceito de inconsciente isolado pela psicanálise. Quando pensamos sobre uma lembrança, por exemplo, a narrativa de um filme que assistimos no ano passado, e a acessamos em nossa memória, esse produto, que não estava na consciência, não é exatamente o inconsciente que importa para uma análise. Portanto, há atos psíquicos que são também temporariamente inconscientes, mas que não dizem respeito ao inconsciente com o qual trabalhamos.

Toda pulsão precisa atravessar a barra do recalcamento para se transformar e ser traduzida em algo da consciência, algo que no máximo seria uma ideia que a represente[88]. Isso quer dizer que toda pulsão passa por uma censura, que determinará se um *representante da representação*[89] "escapará" ao consciente ou que deva se manter no inconsciente. Como vimos anteriormente, nesse processo alguns destinos são possíveis: a fantasia, a sublimação, o chiste, os lapsos, os sonhos e os sintomas.

Para Freud, os sintomas são efeitos de uma certa economia regulatória da passagem do representante da pulsão pela barra do recalcamento. Acontece que nessa passagem, o Eu, ao invés de considerar esse representante pulsional como algo interno,

---

[87] Cf., Freud, Sigmund. (1915) O inconsciente. Tradução de Paulo César de Souza In Introdução ao narcisismo: ensaios de metapsicologia e outros textos (1914-1916). Trad. César de Souza: Companhia das Letras, 2010, p. 107.

[88] Cf. Freud, Sigmund. (1915) O inconsciente. Tradução de Paulo César de Souza In Introdução ao narcisismo: ensaios de metapsicologia e outros textos (1914-1916). Trad. César de Souza: Companhia das Letras, 2010, p. 114.

[89] Lembremo-nos que referimos às pulsões pela via da representação, não de maneira biologista. Freud utiliza o termo *vorstellungsreprasentanz*, que se traduz por "representante da representação", alguns tradutores preferiam "representante psíquico".

o recebe como se fosse externo, um sinal de *angústia* vindo de fora. Há certo contrainvestimento em parte do representante pulsional. Nessa fronteira, o resultado da intensidade do recalcamento, somado ao investimento pulsional vindo do inconsciente ao consciente, produz um sintoma.

Na neurose obsessiva há um excesso de contrainvestimento e, portanto, ausência de descarga; já na histeria, o investimento pulsional da ideia recalcada converte-se em sintoma[90]. Por isso podemos pensar nas duas grandes neuroses, obsessiva e histeria como duas diferentes economias do *inconsciente*: de um lado, o contrainvestimento do recalcamento é excessivamente poderoso e, de outro, há excesso de descarga pela via do sintoma, costumeiramente manifestado no corpo. É típico pensarmos o neurótico obsessivo como aquele que compulsivamente repete algo, justamente fomentando esse contrainvestimento e tentando controlar, de forma ativa (agente), seu desejo, os objetos e seu próprio sofrimento.

Freud recorre ao estudo da topologia e da topografia para ilustrar essa questão. A *topologia* refere-se ao estudo dos lugares e a *topografia* à descrição dos lugares, por exemplo, na construção civil, as máquinas que coletam dados das superfícies de um terreno realizam uma extração de dados, uma topografia.

O *inconsciente* é basicamente o lugar dos representantes pulsionais que objetivam descarregar seu investimento. Essas pulsões, como vimos no segundo capítulo, podem coexistir sem se contradizer. Duas pulsões podem ser exatamente antagonistas, portanto, "eu desejo e não desejo algo" e uma não invalida a outra, tampouco subtrai algo da outra.

Pensar o inconsciente, em termos freudianos, é também assumir que somos efeito de uma lógica que admite contradições: no

---

[90] Cf. Cf. Freud, Sigmund. (1915) O inconsciente. Tradução de Paulo César de Souza In Introdução ao narcisismo: ensaios de metapsicologia e outros textos (1914-1916). Trad. César de Souza: Companhia das Letras, 2010, p. 125.

inconsciente o princípio da contradição não existe. Posso querer *e* não querer algo ou alguém, sem o "ou". Por isso as ambivalências aparecem tanto na clínica psicanalítica: desejo odiar *e* amar, sofrer *e* não sofrer, fazer *e* não fazer. Essa é a razão pela qual a psicanálise foi tão incompreendida em seu início, pois de princípio ela não coaduna com a moral social, com os ideais da cultura e com as exigências da política. Propor uma escuta do inconsciente que não dê alternativas morais enquanto soluções para o sintoma era e contínua sendo uma prática radical, que não apazigua frente aos "bons costumes".

Portanto, há três características lógicas que não habitam o inconsciente:

1 – No inconsciente não há *negação*;
2 – No inconsciente não há *dúvida*;
3 – No inconsciente não há graus de *certeza*[91].

Essas características transformam o inconsciente em um sistema que opera seus conteúdos apenas através de graus de intensidade. Portanto, a mobilidade das pulsões obedece apenas a dois processos: o deslocamento e a condensação. Vimos sobre os dois processos no capítulo anterior, mas é importante recapitular. O deslocamento acontece quando uma ideia cede a outra seu montante de investimento, e então, acontece uma *substituição*. A condensação acontece quando uma ideia acolhe o investimento de várias outras e há uma espécie de bricolagem. Décadas mais tarde, Lacan chamou o deslocamento de metonímia e a condensação de metáfora. Como Freud pressupunha as representações em conjunto com traços de memória, Lacan admitiu o inconsciente estruturado como uma linguagem.

Há uma lógica do inconsciente que não é alterada pelos fatos cotidianos, pelo que costumeiramente chamamos de realidade,

---

[91] Id. p. 127.

e tampouco se altera pela passagem do tempo: em psicanálise é impossível falarmos que haja "maturidade do inconsciente". Essas duas características orientam todo o trabalho do analista:

1 – Os processos do inconsciente são atemporais, estão fora do tempo, fora do domínio do tempo do relógio.
2 – Os processos do inconsciente são alheios da *realidade*.

Isso não quer dizer que o inconsciente permaneça em repouso, nem que se trate de uma instância acabada, fechada. Acessamos o inconsciente através de seus *derivados* e suas manifestações. Isso também não quer dizer que o consciente seja uma categoria que Freud pareia com a realidade, de forma alguma. Pelo contrário, o *ser/estar consciente*[92] é tratado em Freud como um sintoma do qual, para pensarmos na metapsicologia (economia, topologia e dinâmica do inconsciente) devemos nos emancipar.

O psicanalista é aquele que já averiguou, através da sua análise pessoal, os efeitos de seu inconsciente. Em uma análise o inconsciente do analista e o do analisante estão em jogo. Freud assume que um inconsciente reage ao do outro, "É muito digno de nota que o inconsciente de um indivíduo possa, contornando o consciente, reagir ao inconsciente de outro"[93].

Se falamos que a regra fundamental comunicada ao analisante é que fale o mais livremente possível, ao analista é preciso que adote uma *atenção flutuante* (ou equiflutuante/uniformemente distribuída).

A recomendação de Freud aos analistas é clara: "mantenha todas as influências conscientes longe de sua capacidade

---

[92] *Bewubtheit*, Cf. Freud, Sigmund. (1915) O inconsciente. Tradução de Paulo César de Souza In Introdução ao narcisismo: ensaios de metapsicologia e outros textos (1914-1916). Trad. César de Souza: Companhia das Letras, 2010, p. 134.
[93] Id. p. 136.

de memorização e se entregue completamente à sua "memória inconsciente", ou, dito de maneira puramente técnica: ouça o que lhe dizem e não se preocupe se vai se lembrar de algo ou não"[94].

A transferência acontece justamente quando o analista encarna o objeto no qual as pulsões do sujeito estão investidas. Precisamente por isso, as manifestações do inconsciente, em uma entrada de análise, costumam incluir o analista. Isso coloca em jogo um produto do inconsciente que pode permanecer no inconsciente, recalcado, e então permear a consciência e revestir os encontros amorosos através dos objetos ou pode permanecer no eu, o protegendo. Geralmente este produto está em jogo em ambas as instâncias, e a ele chamamos de *fantasia*.

A fantasia mobiliza as pulsões em direção ao objeto de prazer. Todas as nossas relações estão permeadas pela fantasia, incluindo o que Freud chamou de *amor de transferência*, momento no qual o analisante coloca o analista neste lugar de objeto amado, que encarna sua fantasia e o mobiliza, o fazendo produzir sonhos, lapsos, chistes e sintomas em direção a ele. Lembremo-nos que Anna O. produz uma gravidez psicológica (sintoma) direcionada ao seu médico, Breuer (analista). Essa manifestação do inconsciente pode ser tomada como transferência e motor de uma análise.

4.1. A lousa mágica

Em 1925, Freud escreveu um texto sobre o "Bloco Mágico"[95], um dispositivo no qual podemos escrever sobre sua superfície e

---

[94] Freud, Sigmund. (1912) Recomendações ao médico para o tratamento psicanalítico. In Fundamentos da clínica psicanalítica. Tradução de Claudia Dornbusch. Belo Horizonte: Autêntica Editora 2017, p. 95.

[95] Cf. Freud, Sigmund. (1925) Nota sobre o "bloco mágico". In O Eu e o Id, "Autobiografia" e outros textos (1923-1925). Trad. Paulo César de Souza. São Paulo: Companhia das Letras, 2010.

que, ao "balançá-lo", as anotações se apagam. No Brasil, tal dispositivo costuma ser comercializado com o nome "Lousa Mágica" e "Traço Mágico". O público infantil costuma adorar a "magia": fazem desenhos e anotações e balançam o dispositivo para que, em um "passe de mágica", eles se apaguem.

Esse dispositivo, dizia Freud, resolve um impasse sobre nossos traços de memória: se escrevo com uma caneta em uma folha de papel, seu espaço é limitado e eu não consigo apagar a escrita para dar lugar à outra. Se escrevo em uma lousa, os traços de memória são apagados definitivamente quando preciso ocupá-la com novas anotações. Assim, os dispositivos, como o papel e a lousa, que substituem nossa memória, carecem de reproduzir sua função, pois "nosso aparelho psíquico tem ilimitada capacidade de receber novas percepções e cria duradouros – mas não imutáveis – traços mnemônicos delas"[96].

Já a "Lousa Mágica" parece resolver essa questão e se assemelhar ao aparelho psíquico. Trata-se de uma tabuinha feita de cera, coberta por uma folha fina e translucida. Essa folha tem uma película de celuloide transparente e a parte de baixo é feita de papel encerado (e translucido). Bem, quando escrevemos, desenhamos ou anotamos algo, há uma pressão sobre a superfície que não atinge diretamente na cera, mas sim através da folha que a recobre. Como efeito dessa pressão, vimos ranhuras, marcas que ficam visíveis na superfície do celuloide. Para apagar esses caracteres, precisamos apenas descolar, levantar a folha de cobertura. Assim, se produz um espaço entre a dupla folha de cobertura e a tabuinha de cera e os lugares pressionados desaparecem, dando espaço à uma superfície que agora pode receber novas anotações.

Porém, se levantamos a dupla folha – celuloide e o papel encerado – percebemos que a tabuinha de cera contém diversos *traços duradouros* do que foi escrito e apagado. Freud faz uma analogia

---

[96] Id. p. 269.

entre o Bloco Mágico (ou Lousa Mágica) e o aparelho psíquico: os sistemas Pré-Consciente/Consciente como a cobertura feita de celuloide e papel encerado e o Inconsciente como a tabuinha de cera que, por trás dele, recolhe traços duradouros de acordo com o que se escreve a partir do "cintilar e esvanecer da consciência na percepção"[97]. Portanto, há algo que aparece e desaparece e, nesses momentos, capta algo que remete ao inconsciente.

As manifestações do inconsciente também podem ser pensadas dessa forma: um sonho, lapso ou chiste depende de um momento de aparição que demarca um tempo do inconsciente de forma sincrônica. Por isso o analista deve estar atento para captar como o sujeito opera, maneja seu tempo.

Bem, se iniciamos o capítulo sobre o inconsciente dizendo da importância de pensá-lo através de seus *produtos*, exemplifiquemos agora como se operam suas manifestações. Podemos pensar em diversas possibilidades de manifestação do inconsciente: quando esquecemos o nome de um amigo que estava na "ponta da nossa língua", uma palavra, a razão pela qual estamos em algum lugar; quando vamos falar e falamos algo completamente diferente, equivocado e cometemos um lapso de fala; quando lemos ou escrevemos algo completamente diferente daquilo que está escrito ou que gostaríamos de escrever; quando nos enganamos de maneira incrível; quando sonhamos; quando contamos uma piada e cometemos um chiste de forma completamente "solta" e provocamos riso.

Bem, a hipótese freudiana é que cada uma dessas manifestações não é completamente ao acaso, mas cada uma delas é realizada de forma arbitraria por uma lógica subjacente, a lógica do inconsciente. Diante de uma *manifestação*, podemos interpretá-la, nem que seja de forma aproximada e parcial. Quando o analista faz isso, provoca uma série de outras associações que revelam a lógica associativa impregnada de substituições e(ou) condensações.

---

[97] Id. Ibid.

Para ilustrar tal lógica, Freud nos dá um exemplo de um esquecimento de *nome* que o ocorreu em uma viagem que fizera. A partir desse esquecimento, tão comum em nosso cotidiano – por exemplo quando pensamos em uma figura pública ou vamos chamar nosso irmão, amigo ou colega e o nome simplesmente escapa, e substituímos por outros nomes até nos relembrarmos daquele que gostaríamos de nomear – Freud nos oferece um panorama de eventos subjacentes que demarcam uma arbitrariedade, uma lógica que acompanha seu esquecimento.

4.2. O caso Signorelli

Na ocasião, Freud estava viajando de carruagem com um estranho, indo de Ragusa, Dalmácia (atual Dubrovnik, Croácia) para uma estação na Herzegovina (Bósnia e Herzegovina). Então, os dois iniciaram uma conversa e comentaram sobre viagens pela Itália, quando Freud perguntou se seu interlocutor já estivera em Orvieto e se tivera visitado os famosos afrescos que representavam as "coisas últimas"[98], de .... e o nome *Signorell*[99] simplesmente desapareceu, foi esquecido, e outros dois nomes de pintores vieram à cabeça de Freud, *Botticelli* e *Boltraffio*.

Percebendo que esses nomes não correspondiam àquele que queria dizer, Freud se pôs a pensar sobre o *esquecimento* e concluiu que em alguns casos, esse esquecimento é fruto de um conteúdo recalcado. Através de um desenvolvimento lógico, Freud recolheu diversas informações que precederam seu esquecimento:

---

[98] As pinturas representavam a morte, o juízo final, o inferno e o paraíso. Cf. Freud, Sigmund. (1904) Sobre a psicopatologia da vida cotidiana. Tradução de Renato Zwick. Porto Alegre: LePM, 2019, p. 30.

[99] Luca Signorelli (1445-1523) foi um pintor renascentista e seus afrescos tornam a Catedral de Orvieto um verdadeiro ponto turístico para os amantes da arte.

1 – Botticelli, o primeiro nome que veio à cabeça de Freud para substituir o nome esquecido, pertencia a escola milanesa de pintura;
2 – Antes de conversar sobre Orvieto, Freud e o desconhecido comentaram sobre os costumes dos cidadãos turcos que viviam na Bósnia e Herzegovina (destino). Freud contou que um colega médico lhe disse que eles eram absolutamente confiantes quanto ao diagnóstico médico, e que quando um médico dizia que as chances do paciente se esgotaram eles respondiam: "Senhor, o que dizer? Sei que se ele pudesse ser salvo, o senhor salvaria!"[100]. Há nessas frases as palavras Bósnia, Herzegovina e senhor [*Herr*];
3 – Freud diz que a sexualidade é algo muito importante para esses turcos, e quando os pacientes têm distúrbios sexuais ficam mais aflitos que nos casos da possibilidade de morte. Um colega médico de Freud teria dito que eles afirmavam: "O senhor sabe como é, se isso[101] não funciona mais, a vida não tem valor". Disso, o pensamento de Freud se desviou para a ideia contida no exemplo, o tema "morte e sexualidade". Na época, Freud tinha recebido uma notícia, quando estava em *Trafoi*[102], que um paciente tinha cometido suicídio por causa de um distúrbio sexual incurável.

Há, portanto, uma ligação entre o esquecimento e o recalcamento da notícia recebida em Trafoi. O fato que Freud gostaria de ter esquecido era o suicídio de seu paciente, evocado em sua memória por associação da história que contava sobre o costume dos turcos.

---

[100] Freud, Sigmund. (1904) Sobre a psicopatologia da vida cotidiana. Tradução de Renato Zwick. Porto Alegre: LePM, 2019, p. 31.
[101] Isso, o pênis. No caso, uma referência a impotência sexual.
[102] Cidade italiana.

FREUD – UMA INTRODUÇÃO À CLÍNICA PSICANALÍTICA

Portanto, há uma lógica subjacente ao esquecimento:

Os turcos que viviam na região onde fica a atual **Bósnia e Herzegovina** prefeririam a vida sexual ativa que a própria vida, em uma escala de preocupação, ainda que depositassem confiança absoluta nos médicos, "**Senhor**, o que dizer? Sei que se ele pudesse ser salvo, o senhor o salvaria" → Freud recebe uma notícia em **Trafoi** de que seu paciente cometera suicídio por causa de um distúrbio sexual incurável → esquecimento do nome de **Signorelli** e aparição dos nomes **Botticelli** e **Bottraffio**.

Vejamos como há uma cadeia associativa no inconsciente que produziu o esquecimento:

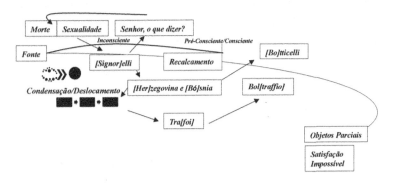

Portanto, ao inserirmos as palavras contidas nessa sequência lógica que precedeu o esquecimento, percebemos que o recalcamento subjacente não deixa que o nome *Signorelli* – associado aos temas que remetem a Morte e Sexualidade – atravessem a barreira do recalcamento. O que atravessa e é encontrado na consciência é produto do deslocamento e da fragmentação das palavras: *Botticelli* e *Boltraffio*. Esse é um caso emblemático de como as palavras e os nomes são "tratados de forma semelhante à representação gráfica de uma frase a ser transformada num enigma de figuras (rébus)"[103], e o que aparece para a consciência,

---

[103] Id. p. 33.

nesse caso, são substituições enigmáticas, que contêm traços de todos os conteúdos subjacentes que, portanto, atravessaram a condensação e o deslocamento. *Signorelli*, a palavra-conteúdo que remetia ao suicídio de paciente de Freud – e à morte pela impossibilidade da sexualidade – é recalcado e as palavras que se manifestam se transformam em um enigma desvendado pelo próprio Freud.

A proposta de uma análise é realizar um momento privilegiado para tratar esses *produtos*, pois haverá um outro (analista) que se dispõe a escutá-los advertido de que o inconsciente está em jogo. Isola-se, em um espaço (consultório) e tempo demarcados para tal escuta. Pede-se que fale o mais livremente possível e que traga sonhos e desta forma, por uma ética orientada para a escuta daquilo que escapa, o analista opera, o analisante se implica e uma análise é possível.

5.

A PRÁTICA DO ANALISTA:
ÉTICA, TRANSFERÊNCIA E CURA

> "Recusamos enfaticamente transformar o paciente, que se entrega em nossas mãos buscando ajuda, em nossa propriedade, formar o seu destino para ele, impor-lhe os nossos ideais, e, com a altivez do Criador, formá-lo à nossa semelhança, para a nossa satisfação".
>
> SIGMUND FREUD[104]

Neste capítulo abordaremos a mais importante consequência da possibilidade de teorizar, organizar e transmitir a teoria psicanalítica: a prática clínica. Há muitas discussões atualmente que colocam em questão a clínica e os casos de Freud, incluindo sua noção de cura e a possibilidade de "terminar" uma análise. Mas Freud não trabalhava com uma pretensão de normalidade

---

[104] Cf. em Freud, Sigmund. (1919[1918]) Caminhos da terapia psicanalítica. In Fundamentos da clínica psicanalítica. Tradução de Claudia Dornbusch. Belo Horizonte: Autêntica Editora 2017, p. 198.

que orientava sua prática. Pelo contrário, diversas vezes ele dizia que a psicanálise servia para tratar especificamente o sintoma, efeito das neuroses, que por sua vez eram consequência daquilo que restava do Complexo de Édipo e do recalcamento primordial e que produziam modos de viver a própria fantasia de forma insuportável, o que costumeiramente paralisava o sujeito diante da possibilidade de ter que ver com sua sexualidade e com sua vida cotidiana.

Em alguns textos, soma-se a isso eventos traumáticos como no caso das neuroses de guerra. Mas isso é uma adição, que destacava a angústia em sua clínica manifestava através da compulsão à repetição. Mas de qualquer forma o sintoma que Freud objetivava tratar era, em última instância, uma atualização desse primeiro momento em que a sexualidade teve que ser recalcada, mantida em suspensão até a reentrada na puberdade.

A potência desses impasses surgia como fantasia na reentrada da sexualidade e, em diversos casos, eram acompanhados de manifestações sintomáticas. Em outras palavras: os impasses da vida sexual, da amarração entre o desejo e o amor, ao produzir modos específicos de sofrimento que se manifestavam através de sintomas, chamaram a atenção de Freud não para aquilo que se *evidenciava*, mas para aquilo que se *impunha* na relação entre o médico e o paciente: as *ocorrências involuntárias,* os *equívocos, os sonhos,* os *atos involuntários*[105].

Freud não inventou tais *manifestações*, tampouco fora o primeiro que percebeu que algo se impunha, de forma involuntária, em uma relação entre dois sujeitos. A fineza de Freud foi isolar tal *manifestação*, nomeá-la de *produto*, pressupor um *inconsciente* que a produzisse e incluir o psicanalista enquanto destino de tal produção. Portanto, se dissemos que o sintoma reatualizava os

---

[105] Cf. Freud, Sigmund. (1904[1905]) O método psicanalítico freudiano. In Fundamentos da clínica psicanalítica. Tradução de Claudia Dornbusch. Belo Horizonte: Autêntica Editora 2017.

impasses da sexualidade do sujeito, a *transferência* analítica é justamente o momento no qual tais impasses incluem o analista enquanto objeto, e, portanto, há uma entrada em análise. Antes de perceber que a transferência era justamente o motor de uma psicanálise, Freud a tratava como uma *resistência* em um sentido evitável e não necessário.

Na prática clínica cotidiana isso é claro: um analisante que, por exemplo, se apaixona por seu analista e passa a demandá-lo de forma excessiva, da mesma forma que faz com a série de companheiros de sua vida, pode decidir interromper a análise de forma abrupta ao perceber que não existe correspondência, que sua demanda é demasiada, sem dar tempo nem possibilidade para que isso seja trabalhado em análise. Podemos exemplificar de diversas formas, mas basicamente, é na transferência que a forma como o sujeito se relaciona com aqueles que coloca no lugar de *objeto* – que pode ir do amor sublime à depreciação – se reatualiza, de maneira inconsciente, em direção do analista. Isso revela o quão complicado e potente pode ser a dinâmica de uma análise: e essa é uma das razões que explicam a importância de um analista atravessar sua própria análise, com outro analista, e averiguar seu inconsciente em ato, e não apenas teoricamente.

O analista então convoca o paciente a falar da forma mais livre possível, tentando não excluir, dessa fala, algo que ele pode considerar vergonhoso, embaraçoso ou até imoral[106]. Nomeamos isso de *associação livre*, princípio fundamental de uma psicanálise. Quando o paciente começa a falar, ele percebe que há diversos esquecimentos e lacunas[107] em sua narração. Do lado do analista, é preciso que o sujeito se mantenha em *atenção flutuante* (ou equiflutuante[108]), para que realmente possa escutar aquilo que do

---

[106] *Id. ibid.*
[107] *Id. Ibid.*
[108] *Op. cit.*

inconsciente se manifesta, e não apenas o conteúdo e o sentido do que lhe é falado.

Quando o analista aponta a lacuna e solicita que o analisante fale mais sobre aquilo ou relacione com outros conteúdos, o que vai emergir pode ser escutado como produto do recalcamento e, portanto, do inconsciente. Frente ao que aparece, o analista pode *interpretar*, ou *traduzir*[109]. Freud chegou a chamar tal método de uma *arte da interpretação* ou *arte da tradução*. Mas isso não quer dizer que Freud tenha almejado uma correspondência entre a interpretação e o conteúdo interpretado ou então entre a tradução e o conteúdo traduzido. Esse estado, de "tradução total", Freud considerava da ordem do impossível[110].

A interpretação enquanto arte vai possibilitar o desfazimento de certos enroscos da posição do sujeito diante de seus sintomas. Isso quer dizer que uma análise, ou melhor, que o objetivo do tratamento analítico não é uma cura idealizada, que seria produzir um sujeito livre de sofrimentos, enroscos, "ideal". Freud trabalhou com a ideia de cura prática[111]: se o sujeito não paralisa diante dos impasses de seu sintoma e consegue *realizar* e *gozar*, ele pode ser considerado um sujeito que atravessou uma análise.

Há duas posições, então, em uma prática analítica:

---

[109] Id. p. 55.

[110] No mesmo texto Freud vai dizer que "tornar o inconsciente acessível ao consciente [é um] estado ideal [...] que não existe em uma pessoa normal]". Cf. Freud, Sigmund. (1904[1905]) O método psicanalítico freudiano. In Fundamentos da clínica psicanalítica. Tradução de Claudia Dornbusch. Belo Horizonte: Autêntica Editora 2017, p. 56.

[111] *Praktische Genesung.*

FREUD – UMA INTRODUÇÃO À CLÍNICA PSICANALÍTICA

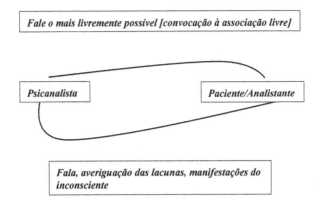

O psicanalista é o sujeito que já passou por uma análise e está advertido de que, além da dimensão da fala própria de uma "conversa", há um inconsciente que se manifesta e opera incessantemente em tal prática. Esse sujeito também está advertido de que não há como "traduzir" totalmente o conteúdo daquilo que escapa: dos equívocos, sonhos, chistes e, portanto, os efeitos de uma interpretação aparecerão na posterioridade. Mais que duas pessoas, o que se opera é a nível inconsciente:

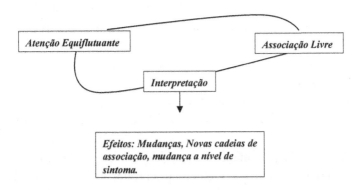

Diante da figura percebemos que a interpretação não estabelece uma correlação fechada entre as manifestações do inconsciente e seus significados. Pelo contrário, o analista só pode aferir se houve ou não uma interpretação bem-sucedida, exitosa, se essa produziu efeitos de mudança, produzindo novas associações ou transformações na forma, na posição do sujeito frente ao seu sintoma. Ou então a partir de construções que o analisante irá realizar da constatação dessas lacunas.

Aliás, admitir que uma interpretação não serve para colocar o analista em uma posição de "sabe tudo", e sim de um sujeito atento, advertido e que se oriente a fazer falar e escutar o inconsciente daquele que fala, diferencia uma psicanálise daquilo que Freud chamou de psicanálise "selvagem".

5.1. Psicanálise Selvagem

Freud nos conta que recebeu em seu consultório uma mulher muito angustiada, que havia passado por outro psicanalista depois de um divórcio e que sua angústia aumentou significativamente a partir dessa experiência. Este outro analista teria dito que a causa de sua angústia tinha que ver com sua "necessidade sexual" e que, portanto, só havia três possibilidades de cura: voltar para o marido, arrumar um amante ou se masturbar[112]. Ela então pressupôs que seu caso era incurável, pois ela não queria voltar ao seu marido e tampouco seria possível as outras opções devido a sua religião. Resolveu então procurar aquele que seria o fundador do método no qual o psicanalista se amparava para tais prescrições. Freud transformou tal caso em paradigmático para que pensemos nos efeitos iatrogênicos de uma psicanálise "selvagem".

Iatrogenia é justamente o efeito deletério, ou patológico, produzido por uma prática orientada para tratar uma enfermidade.

---

[112] Cf. Freud, Sigmund. (1910) Sobre psicanálise "selvagem". In Fundamentos da clínica psicanalítica. Tradução de Claudia Dornbusch. Belo Horizonte: Autêntica Editora 2017.

Em outras palavras, é quando o tratamento se torna mais danoso que a própria doença. Antes de comentar o caso, Freud faz uma advertência: a de que é muito comum, também, os pacientes atribuírem ao médico e ao psicanalista uma prática, ou uma fala, que não foi emitida por eles.

Pelo contrário, às vezes o que o paciente interpretou, traduziu ou até, de forma arbitraria, considerou a fala de seu analista, é exatamente o oposto daquilo que o analista disse. Porém, tal caso se tornou um paradigma do que Freud chamaria de psicanálise "selvagem": uma prática que tomaria, por exemplo, a sexualidade sem o caráter enigmático, representativo, constituinte dela, mas como a prática da cópula dos corpos, e, portanto, da relação corporal.

A primeira geração de psicanalistas depois de Freud incorreu largamente nesse equívoco, às vezes prescrevendo relações e pressupondo que a psicanálise poderia se tornar em uma técnica para "desfazer" ou então afrouxar as "amarras" da cultura em relação ao sexo. Essa leitura direta, além de "selvagem", toma a sexualidade sem o caráter fantasístico e enigmático, sem seu atravessamento pela linguagem e é exatamente o oposto de um trabalho possível pela fala e pela escuta. Isso pode ser de interesse de outras disciplinas, como a sexologia, mas é absolutamente distante dos pressupostos freudianos. A insatisfação, a neurose e os sintomas podem ser intensos em alguém que mantenha relações sexuais constantes (do ponto de vista corpóreo/biológico), e amenas em alguém que não as mantenha. Freud chega a dizer que aqueles que encaram a sexualidade como algo unicamente relativo ao somático, ao corpóreo, não deveriam de forma alguma se dizerem psicanalistas[113].

Outro fator que Freud diz ser indispensável para que haja um analista e que este possa fazer interpretações é que ele mesmo tenha passado por uma análise. A psicanálise é uma *experiência*

---

[113] Cf. Id. p. 84.

ancorada em pressupostos teóricos, mas é uma experiencia única. Sua transmissão depende então de uma condição: para que uma psicanálise seja possível, o analista precisa ter averiguado que há um inconsciente que opera em sua vida, em uma relação com outro analista, ou seja, em sua própria análise. Freud dá um exemplo: a psicanálise apreendida unicamente por livros é a mesma coisa que o aplacamento da fome através de cardápios[114].

Isso não quer dizer que uma psicanálise "selvagem" não produza efeitos que mitigam algum quadro de sofrimento. Mas é importante um analista estar vinculado a um conjunto de outros analistas e manter uma disposição de fazer valer a transmissão teórica, de relatos de casos e de prática clínica. Além de evitar os efeitos iatrogênicos, se pressupomos que haja um inconsciente em jogo em tal experiência de fala, a dimensão de um conjunto de analistas é importante enquanto conjunto que testemunha, transmite e mantém a ética de uma prática.

5.2. Técnica

Freud elenca alguns critérios importantes para que os analistas orientem sua prática, baseados em sua experiência clínica, de forma direta e que pode contribuir para a prática de cada um:

a) A técnica da psicanálise é simples e recusa meios de apoio como anotações, memorizações especificas ou excesso de dispêndio de atenção. Pelo contrário, o analista deve adotar uma "atenção flutuante" (podemos traduzir também como equiflutuante ou uniformemente distribuída) em relação àquilo que ouve. Não se deve tentar entender demais ou fechar o foco atencional à uma parte

---

[114] Id. Ibid.

daquilo que escutamos, isso geralmente corresponde a busca de uma equivalência entre o que esperamos que o outro diga e o que o outro tende a dizer, o que de alguma forma pode incorrer em antecipação e abafar aquilo que importa: "Não nos esqueçamos que em geral ouvimos coisas cuja importância só se revelará *a posteriori* *[nachtraglich]*"[115]. O analista despreocupado em se lembrar de algo está mais "aberto" para a escuta do inconsciente do analisante.

b) Não é recomendado fazer relatos de caso de pacientes ainda em tratamento. O tratamento analítico que costumeiramente mais incorre em algo eficiente é justamente aquele que exige uma síntese de pensamento no só-depois.

c) Pensar em uma técnica implica uma contraparte da "associação livre", regra fundamental que o analista estabelece com seu paciente. Ao analista, espera-se pressupor um inconsciente em jogo e seus efeitos. Portanto, que seu inconsciente também esteja preparado para a escuta do inconsciente do analisante. O inconsciente do analista irá escutar as manifestações do inconsciente do analisante: isso é uma premissa fundamental e escamoteia o analista de uma posição baseada em sua própria pessoa histórica, individual e temporal.

d) O analista se transforma em analista a partir de seu processo de análise. Então, para que pensemos em uma técnica psicanalítica, uma condição para aquele que a pratica é ter passado por um processo de análise com outro analista.

e) O analista não deve fazer sugestões como prescrições ideais ao analisante, e tampouco estabelecer uma relação

---

[115] Cf. Freud, Sigmund. (1912) Recomendações ao médico para o tratamento psicanalítico. In Fundamentos da clínica psicanalítica. Tradução de Claudia Dornbusch. Belo Horizonte: Autêntica Editora 2017, p. 94.

compartilhada de intimidade. Pelo contrário, Freud dizia que o analista precisaria ser opaco[116] para o analisante.

f) Não é o papel do analista colocar seus valores ou ideais em jogo: dar tarefas, solicitar que o analisante medite ou reflita de forma "programada" sobre algo. O fato do analisante poder realizar e fruir já é o suficiente para pensarmos em uma cura. As ambições educativas, de bons costumes e de produtividade já costumam ser exigências do dia a dia do sujeito, o analista não deve ser aquele que demanda que seu analisante que corresponda aos seus ideais.

g) Na maioria dos casos, algum pagamento é necessário para que haja uma análise. A experiência de Freud desvela algumas problemáticas de uma análise na qual o analisante não gasta nada. Por 10 anos, ele ofereceu ao menos 1 hora diária de tratamento gratuito e isso, em sua opinião, influenciou demasiadamente na transferência de maneira contraproducente. De um lado, há a relação transferencial baseada em uma "obrigação à gratidão"[117], caridade própria das entidades religiosas que esperam algo do sujeito (ainda que uma confissão!), e de outro, a ideia de que o analista, se não quer "dinheiro", está interessado em outra coisa no analisante, incluindo deixá-lo em dívida e assim, "agradecido" por sua "benevolência"[118]. Muitas vezes é no pagamento que o funcionamento do analisante desvela seu sintoma: sentir-se endividado, esperar que o analista o "cobre" e etc. Isso não quer dizer que um tratamento

---

[116] Id. p. 102.

[117] Cf. em Freud, Sigmund. (1913) Sobre o início do tratamento. In Fundamentos da clínica psicanalítica. Tradução de Claudia Dornbusch. Belo Horizonte: Autêntica Editora 2017, p. 133.

[118] As experiencias contemporâneas de psicanálise em espaços públicos, destinadas à população em vulnerabilidade social, encontram outras formas para que o sujeito realize um "pagamento" simbólico.

gratuito não possa atingir bons resultados[119] e experiencias contemporâneas, incluindo outros espaços de atendimento, como as praças públicas, tem se mostrado interessantes. Isso quer dizer que o analista deve estar atento ao significado que o dinheiro tem na economia e, portanto, no sintoma do sujeito: em seus investimentos, perdas, trocas e ganhos. Um dos casos paradigmáticos de Freud no que se refere a isso é o de uma garota que testemunha relações eróticas de sua babá com um médico, momentos em que a babá dava algumas moedas à criança em troca de seu "silêncio". Há uma relação causal que desemboca no sintoma da paciente e que se revela pela lida com o dinheiro: uma metáfora entre o dinheiro e a entrega amorosa que passa a operar em sua fantasia e, a partir de um castigo de seu pai – por ter pegado 50 centavos alemães para comprar tintas – ela se sente repudiada. Recorrentemente ela levava flores à sessão, e toda essa lembrança surge quando Freud solicita que ela não fizesse mais isso, atualizando o "repudio" do pai[120]. Esse caso demonstra bem o quanto a economia opera na fantasia, no sintoma e sobretudo, como se destaca na transferência.

h) Freud sugere o uso do divã como um operador importante, sobretudo porque isolaria a transferência[121].

i) O momento de entrada em uma análise, na qual o analista consegue fazer intervenções e interpretações, é depois da instalação da transferência. Isso costuma acontecer com

---

[119] Op cit. p. 134.

[120] Freud, Sigmund. (1913) Duas mentiras infantis. In Observações psicanalíticas sobre um caso de paranoia relatado em autobiografia ("O caso Schreber"), artigos sobre técnica e outros textos. Tradução Paulo César de Souza: Companhia das Letras, 2010.

[121] Freud, Sigmund. (1913) Sobre o início do tratamento. In Fundamentos da clínica psicanalítica. Tradução de Claudia Dornbusch. Belo Horizonte: Autêntica Editora 2017, p. 135.

interesse genuíno do analista e esquivando absolutamente de "posturas moralizantes"[122]. A psicanálise não é, absolutamente, uma terapêutica moral. Tampouco a posição do analista é a daquele que irá rapidamente "traduzir" o sintoma de forma consciente, didática, pedagógica ao paciente. Essa comunicação não costuma ter efeitos terapêuticos, afinal, a intervenção se dá sob transferência. Freud foi abandonando, em seu percurso, a ideia de que o tratamento seria um *saber consciente* sobre o trauma, o recalcamento ou o sintoma.

Muitos comentaristas se furtam de transmitir as tentativas freudianas de estabelecer alguns pontos orientadores daquilo que ele considera que pode ajudar o analista em sua prática. Isso porque, de alguma forma, elencar tais pontos serviria para estabelecer uma "normatização", um *standart* da psicanálise. Devemos ler tais elementos de forma aberta à revisão, afinal, pressupomos que cada caso é diferente e único, e seu tratamento e manejo também.

Tais pontos também devem ser encarados como elementos de uma *estratégia*[123] norteadora do tratamento, e não como regras disciplinares. As únicas que admitirmos como condição sem a qual não é possível uma psicanálise são a *associação livre* e a *atenção flutuante*. O psicanalista sabe que quando evoca ao paciente que ele fale da maneira mais livre possível e que não se prenda em sistematizações comuns oriundas das conversas cotidianas, é comum que haja certa tentativa de "organizar" e "reorganizar" a fala.

Essas tentativas não aplacam as manifestações e ocorrências do inconsciente: o inconsciente fala nos equívocos, nos lapsos.

---

[122] Id. p. 142.
[123] Cf. a noção de estratégia em Freud, Sigmund. (1913) Sobre o início do tratamento. In Fundamentos da clínica psicanalítica. Tradução de Claudia Dornbusch. Belo Horizonte: Autêntica Editora 2017.

A escuta do analista, balizada pela atenção flutuante não deve tentar compreender de forma consciente, sistemática aquilo que aparece. Essa costuma ser a forma de entendimento própria em conversas cotidianas, nas quais os interlocutores tentam chegar a um consenso, a uma equivalência entre aquilo que um diz e que o outro escuta. Essa equivalência enquanto princípio não é o que norteia a ética do psicanalista.

Pensar um inconsciente diz respeito a isso: não é no nível do intelectualismo que um analista opera, é por pressupor um inconsciente que um analista supõe que aquilo que o paciente recorda se transformará, em uma análise, em uma *repetição* direcionada, endereçada ao analista, dinâmica que nomeamos de *transferência* e a partir disso haverá a possibilidade de uma elaboração. Podemos então pensar em uma direção do tratamento, em uma clínica freudiana, através de três momentos lógicos:

Lembrar → Atualizar a repetição na transferência → Elaborar

Exemplos clínicos são facilmente perceptíveis: o paciente não se lembra ou não identifica certo funcionamento, mas passa a funcionar exatamente assim com o analista. Ele atualiza a repetição na transferência de forma a endereçar ao analista aquilo que o sintoma assume como *objeto*. Há um nível de repetição que não trata o funcionamento sintomático como lembrança, mas como ato. Na transferência isso pode produzir demandas direcionadas ao analista, descontentamento diante da impossibilidade de atender essas demandas e até a descontinuidade de uma análise: "É no arsenal do passado que o doente busca as armas com as quais se defende da continuidade do tratamento"[124]. Esse funcionamento

---

[124] Freud, Sigmund. (1914) Lembrar, repetir e perlaborar. In Fundamentos da clínica psicanalítica. Tradução de Claudia Dornbusch. Belo Horizonte: Autêntica Editora 2017, p. 156.

que se repete é efeito do que restou do recalcado, e dos arranjos do sujeito frente a isso.

Ao pensar que a compulsão para a repetição (*zwang zur wiederholung*) se atualiza na análise mirando o analista enquanto objeto, Freud produz uma virada teórica que repensa qualquer terapêutica baseada no sentido, qualquer prática que objetive uma elaboração causal, catártica ou existencial no paciente. Essa virada consiste em pensar uma psicanálise, ou melhor, uma manifestação psicopatológica, não a pressupondo como um *"assunto histórico"*, mas como uma *"potência atual"*.

Ou seja, um tratamento psicanalítico, ao fazer falar, não fará um relato histórico sobre a doença, os impasses cotidianos e as manifestações do sintoma, outrossim o paciente irá atualizá-los na transferência e a partir daí o analista pode operar, intervir, interpretar. A elaboração é consequência da continuidade do trabalho, enquanto a regra fundamental se mantiver há uma elaboração, afinal o paciente repete e há interpretação, há elaboração e continuidade do trabalho[125]. A própria continuidade do "fale o mais livremente possível" é prova do trabalho de elaboração e de que o tratamento é realizado. Essa definição da elaboração nos coloca uma questão importante sobre o final de uma análise. Podemos pensar em um final de análise ou uma psicanálise é infinita?

5.3. O final de uma análise

Há muitos caminhos tortuosos na discussão sobre o fim de uma análise. Se pressupomos em uma psicanálise que há um funcionamento que não obedece ao tempo cotidiano, que é próprio do inconsciente, como podemos pensar em um final de uma

---

[125] Id. p. 161.

análise? Devemos ter em conta que há sempre uma conjunção no sintoma entre o *constitucional* e *acidental*[126].

O momento *constitucional* diz respeito ao imperativo universal: a passagem pelo Complexo de Édipo, efeito de uma imersão na linguagem que não tem volta. O *acidental* diz respeito aos arranjos pulsionais e, portanto, a partir da fantasia fundamental, de uma posição do sujeito em relação aos objetos que durante sua vida vão mudando, e de como essa posição se destacará em um processo de análise como uma posição repetitiva e sintomática, direcionada, demandante e endereçada ao analista.

A questão de Freud no que concerne ao final de uma análise era, sobretudo, quando havia uma atualização na transferência de uma posição do sujeito de sua fantasia fundamental, esse atravessamento e o caimento dos impasses patológicos, se poderíamos chamar então de uma análise concluída. Deste modo, devemos pensar que sempre que o sujeito traz um conflito e o endereça ao analista, ainda que esse conflito remeta a atualizações (acidentais), há sempre um resto operante do *constitucional*[127], do momento em que o enigma da sexualidade se transformou no recalcamento frente a castração. Podemos então pensar em um esquema lógico de final de análise da seguinte forma:

Constitucional [Complexo de Édipo] → Arranjo do sujeito a partir de uma fantasia fundamental [Sintoma] → Acontecimento [*acidental*, o que levou o sujeito à uma análise] → Análise, transferência [o analista no lugar de objeto da fantasia, e consequentemente o atravessamento da fantasia] → Repetição → Elaboração da conjunção entre *constitucional* e *acidental* → Final de uma análise

---

[126] Cf. em Freud, Sigmund. (1937) A análise finita e a infinita. In Fundamentos da clínica psicanalítica. Tradução de Claudia Dornbusch. Belo Horizonte: Autêntica Editora 2017.

[127] Poderíamos chamá-lo de estruturante.

Há muitos pontos nesse esquema que são opacos e sensíveis. Por exemplo, se sustentar o desejo depende dessa fantasia, o final de uma análise seria apenas a mudança de posição frente a essa fantasia, e não sua desmontagem. No segundo capítulo falamos sobre a fantasia operante no "Bate-se em uma criança". Reconhecer que há algo na fantasia que se refere ao sujeito e que sustenta sua posição sexual é muito mais importante que uma *psicoterapia moral*, que diria mais ou menos assim ao paciente: *"Você não deve gostar de assistir o outro apanhando ou de estar na posição apanhante na sua fantasia. Isso faz você sofrer e, aliás, você não deve nem imaginar isso"*. Essa sugestão pode desmontar a fantasia do paciente e apaziguar, momentaneamente, seu sofrimento. Podemos traduzi-la da seguinte forma: *"Você deve evitar relações arriscadas na sua vida e assim sofrerá menos"*. Em geral, a própria Psicologia e suas escolas, mirando o sofrimento psicológico e descartando os impasses próprios do enigma da sexualidade e da morte, optam por essa direção do tratamento.

A direção de um tratamento psicanalítico é outra: pressupõe-se que há restos, resíduos[128] que continuarão mesmo depois de atravessados no contexto de uma psicanálise. Mesmo em um sujeito analisado, e mais ainda, esses resíduos sustentarão sua capacidade de *desejar* e *realizar* de uma maneira um pouco mais implicada e, assim, talvez menos dolorida.

Essa ideia de final de análise é radicalmente oposta à da psiquiatria e das psicoterapias, que pressupõem finalmente um sujeito em sua inteireza, forte e completo, "preparado" para as intempéries da realidade, incluindo o sexo e a morte, de forma valente, o que costumeiramente incorre em certo individualismo e evitação de riscos. Essa ideia de um Eu "preparado" enquanto

---

[128] Cf. em Freud, Sigmund. (1937) A análise finita e a infinita. In Fundamentos da clínica psicanalítica. Tradução de Claudia Dornbusch. Belo Horizonte: Autêntica Editora 2017, p. 331.

objetivo de um final de análise fora adotada por muitos pós-freudianos, sobretudo os da primeira geração que emigraram para os Estados Unidos e é completamente equivocada. Aliás, Freud cita Goethe para rechaçá-la: "Razão vira tolice, o bem-estar vira flagelo"[129].

Há um estatuto *ético* em jogo nessa premissa: Freud coloca o ofício do psicanalista como da ordem do *impossível*, ao lado de dois outros, daquele que educa e daquele que governa[130]. Assumir enquanto princípio, que o objetivo de uma análise, ou melhor, de um final de análise, não seja a completude ou a correção do sujeito em direção à normalidade, é implicar o analista em uma ética que se inicia a partir da própria análise, momento em que o futuro analista irá constatar, pressupor e se deparar com os produtos do *inconsciente*; lidar com os efeitos do recalcado e perceber que a psicanálise só pode ser transmitida através da experiencia da transferência, e não somente pela teoria. Há então, a partir disso, um analista. Freud diz ainda que todo analista deve voltar a fazer análise periodicamente, transformando a experiencia finita em infinita, sobretudo para evitar os efeitos de poder conferidos ao analista que assenta em certa posição de reconhecimento[131].

Pensemos então na posição do analista enquanto uma ética que implica o analisante em uma responsabilidade diante de seu desejo, organizado por seus arranjos pulsionais. Uma ética que mire mais na continuidade de uma análise através da escuta das manifestações do inconsciente do que em um programa de cura, que de costume desemboca no *furor sanandi*, nos ideais sociais de cura, nos ideais políticos e de visão de mundo filosófica

---

[129] Goethe citado por Freud, Cf. Freud, Sigmund. (1937) A análise finita e a infinita. In Fundamentos da clínica psicanalítica. Tradução de Claudia Dornbusch. Belo Horizonte: Autêntica Editora 2017, p. 343.
[130] Id. p. 356.
[131] Id. Ibid.

(*philosophischen Weltanschauung*)[132] do analista ou na tentativa de correspondência entre o que o analista entrega e o que o paciente demanda.

A ética do analista é justamente advertida disso. Há uma dimensão da falta que deve ser suportada e sustentada em uma análise: "no tratamento, deve-se manter a falta"[133]. Enquanto condição para uma psicanálise possível, é sobre essa falta que todo o trilhamento de uma análise irá percorrer até seu possível final.

---

[132] Freud, Sigmund. (1919[1918]) Caminhos da terapia psicanalítica. In Fundamentos da clínica psicanalítica. Tradução de Claudia Dornbusch. Belo Horizonte: Autêntica Editora 2017.

[133] Id. p. 198.

6.

ALÉM DO PRINCÍPIO DE PRAZER

Até aqui o leitor se deparou com uma matriz do funcionamento psíquico que opõe o princípio de prazer a um princípio de realidade e que, de certa forma, admite que nosso aparelho psíquico se orienta sempre para determinado equilíbrio. Essa homeostase era pensada por Freud como horizonte da pulsão: ora se equilibrando em manter o Eu preservado, ora investindo a sequência de objetos da vida do sujeito, incluindo o analista, e lidando com a falta de equivalência, com o hiato entre o lugar que a fantasia demandava para o objeto e como o objeto se apresentava para o sujeito. Tal modelo presume certo equilíbrio que se orienta a partir do princípio do prazer e da evitação do desprazer. Essa evitação costuma balizar o sintoma: diante do impasse e do risco, próprios a qualquer encontro cotidiano, em todos os extratos que derivam do amor e da realização de cada um, cada sujeito produz uma "formação" que objetiva evitar os riscos, mas manter suas realizações.

Mas há um texto, mais hermético, mais opaco que os outros de Freud, no qual tal princípio de prazer é colocado em xeque. Esse texto é escrito em um tempo específico e sua primeira versão fora estabelecida por volta de 1920. Até hoje biógrafos e historiadores discutem se a inclusão do conceito de *pulsão de morte* no texto fora resultado da morte de sua filha, Sophie Freud, vítima da denominada Gripe Espanhola, pandemia que assolou o mundo entre 1918 e 1920. O fato é que em 1920 Freud publica "Além do princípio do prazer"[134] e repensa o paradigma da oposição entre prazer e desprazer a partir de sua experiencia clínica também influenciada pela travessia da Primeira Guerra Mundial, momento no qual Freud se deparou com diversos casos de "neuroses de guerra".

Uma aparente contradição interna que Freud isola no início de seu texto é que, justamente, o paradigma de que a função do sonho é a realização do desejo iria de encontro frontal com a fixação desses doentes em sonhar repetidamente com a "situação de seu acidente". Bem, não seria mais provável que eles sonhassem com situações e cenas de saúde e bem-estar do que com o acidente traumático? Deixemos a questão em suspenso enquanto visitamos outro exemplo presente no texto.

Freud realiza uma observação de seu neto, Ernst, filho de Sophie, que contava na época com apenas 1 ano e meio idade. Freud reparou que Ernst jogava objetos pequenos para longe, e ao fazê-lo, expressava um [o-o-o-o-o-o-o] em continuidade, de maneira que a emissão desse som produzia certa satisfação. Esse "o" contínuo, Freud e sua filha interpretaram como a palavra alemã *fort* [desapareceu, sumiu], o que ficou muito mais nítido em uma brincadeira que a criança fazia com um carretel de madeira enrolado em um fio: quando arremessava dizia [oooooo], e quando puxava o carretel de modo que voltava a sua mão dizia alegremente "*da*" [achou, chegou], revelando esse par de oposição *fort-da* (sumiu/achou).

---

[134] Cf. em Freud, Sigmund. (1920) Além do princípio do prazer. Tradução e notas Maria Rita Salzano Moraes; revisão de tradução Pedro Heliodoro Tavares. Belo Horizonte: Autêntica, 2020.

Basicamente, Freud percebia que diante da ausência da mãe, que costuma ser extremamente desagradável para os bebês, Ernst repetia essa experiencia através da brincadeira. O caráter desprazeroso da brincadeira não elimina ou não inutiliza a brincadeira. Pelo contrário, a linguagem dá certa forma à experiência de desprazer, mas isso não significa que o bebê deixa de repeti-la: "(...) ficamos convencidos de que mesmo sob o domínio do princípio de prazer existem meios e caminhos suficientes para fazer daquilo que em si é desprazeroso objeto de recordação e de elaboração anímica"[135].

Esses casos revelam que há algo para além do princípio de prazer enquanto organizador do funcionamento psíquico, algo que opera de forma repetitiva, uma *compulsão à repetição*, que é a manifestação de força do conteúdo recalcado. Essa compulsão à repetição traz experiências do passado que são completamente desatreladas de uma possibilidade de prazer, o que em princípio pareceria uma contradição em termos dos princípios da teoria psicanalítica.

Mas essa "tragédia", da compulsão à repetição, já é anunciada desde a travessia pelo Complexo de Édipo, afinal, sua passagem é justamente uma sequência de dolorosas perdas, de não correspondência entre o desejo infantil e a posição dos adultos, somada a uma exigência social crescente e costumeiramente punitiva. Todas essas cenas indesejadas são repetidas e revividas pelo neurótico quando estabelecida uma transferência, de acordo com Freud[136], de forma extremamente habilidosa:

"Eles anseiam pela interrupção do tratamento incompleto; sabem como obter novamente a impressão do desdém, como forçar o médico a usar duras palavras e a se conduzir friamente em relação a eles; encontram objetos adequados ao seu ciúme; eles substituem

---

[135] Id. p. 85.
[136] Id. p. 93.

a criança ardentemente desejada de tempos arcaicos pela intenção ou pela promessa de um grande presente que acaba sendo tão pouco real quanto aquela criança"[137].

Bem, essas experiencias que se repetem foram dolorosas tanto naquela época quanto quando revividas, inclusive na transferência. Uma compulsão as pressiona a isso.

Exemplos cotidianos são inúmeros: homens que sempre se sentem traídos por uma sequência de amigos; namoradas que provam a ingratidão da sequência de parceiros através do fracasso semelhante das relações; amantes que vivem praticamente a mesma história na sequência de amadas, mudando apenas nome, quando muito, e endereço. Esse funcionamento não é nenhuma surpresa para nós, ainda que cada vez vivido gere no sujeito um imenso sofrimento. Há então um fator, um mais-além do princípio de prazer regido por essa compulsão à repetição que encadeia o destino do sujeito.

Para entendermos essa ideia devemos destacar três conceitos isolados por Freud: terror, temor e angústia. A angústia precede algo, é a expectativa daquilo que colocará o sujeito em perigo, ainda que desconhecido. O temor trata-se da relação com um objeto já determinado, que gera medo no sujeito. O terror é a categoria do estado para o qual o sujeito não estava preparado, e, deste modo, há o fator de surpresa absoluta[138]. Os sonhos, por exemplo, dos sujeitos que passaram por um acidente e que retornam de maneira incessante, correspondem à angústia. Isso porque a condição para o terror é justamente a falta de prontidão para a angústia, caracterizada por um superinvestimento, uma preparação diante da possibilidade do estímulo.

---

[137] Cf. Freud, Sigmund. (1920) Além do princípio do prazer. Tradução e notas Maria Rita Salzano Moraes; revisão de tradução Pedro Heliodoro Tavares. Belo Horizonte: Autêntica, 2020, p. 93.

[138] Id. p. 73.

Assim sendo, é possível pensarmos a brincadeira da criança com seu carretel: há um controle, anteparo, preparação que a torna a gente em uma experiencia de desprazer da qual ela seria apenas sujeitada, passiva. Mas isso também a impele em uma cadeia de repetição: a criança pede ao pai que conte a mesma piada, a mesma história, procurando preservar elementos de repetição e repelindo qualquer modificação. Há na própria repetição um elemento prazeroso.

Há, a partir da ideia de compulsão de repetição, uma característica nova que Freud incorpora em sua teoria pulsional: a de que existiria uma "pressão inerente ao orgânico animado para restabelecer um estado anterior"[139]. Ou seja, uma anterioridade lógica assumida pela pulsão que a forçaria à repetição, que a forçaria a restabelecer algo anterior.

Á essa pulsão Freud nomeou de *pulsão de morte*. Mas costumeiramente encontramos leituras equivocadas quanto ao simples pareamento entre tal pulsão e a agressividade –sobretudo dos outros ou do tecido social – enquanto horizonte. Pelo contrário, os dois polos, a ambivalência entre o amor e o ódio são próprios da pulsão sexual, decorrente da pulsão de vida, Eros.

A pulsão de morte envereda para outra lógica: ela é marcada justamente pela meta, pelo alvo, de que tudo que é vivo retorna ao inorgânico e, portanto, há uma anterioridade lógica inanimada antes do sujeito vivificado. Dessa tentativa de retorno em direção da anterioridade lógica há uma compulsão para repetir, um caráter regressivo da pulsão[140].

Em "Além do princípio de prazer", Freud marca então uma oposição dualista entre *pulsões de vida* e *pulsões de morte*, que substitui a ideia anterior de um par oposto entre pulsões sexuais e pulsões do Eu[141]. Esse conceito também é uma consequência

---

[139] Id. p. 131.
[140] Id. p. 149.
[141] Id. p. 175.

lógica da pressuposição de uma tendencia, de um anseio por "reduzir, manter constante e anular a tensão interna dos estímulos, tal como ela encontra expressão no princípio de prazer"[142]. Afinal, o horizonte virtual dessa anulação, dessa suspensão, só poderia ser a própria morte, a cessação absoluta dos estímulos. Freud compara o enigma da pulsão de morte e da pulsão de vida ao enigma próprio do surgimento da sexualidade. A esse enigma ele oferece o mito contado por Aristófanes, no Banquete de Platão, precisamente por concatenar a necessidade de estabelecer uma anterioridade lógica, um estado anterior para pensarmos na emersão da sexualidade.

Na obra o Banquete, de Platão, Aristófanes sugere que no princípio da humanidade, haveria três sexos: o masculino, o feminino e um terceiro, o masculino-feminino. Da terceira categoria, esses seres teriam tudo duplicado: quatro mãos, quatro pés, dois rostos, genitais de ambos os sexos. Zeus dividiu esses seres em duas partes e ao mesmo tempo as condenariam para certa falta, certa saudade do momento anterior, no qual esses seres divididos formariam *um*, completo. Aliás, completo-anterior este jamais inatingível, seja pelo desencontro entre o sujeito e sua sequência de objetos, seja em uma análise.

A inserção do conceito de pulsão de morte, em Freud, é acompanhada de uma face enigmática, que empresta uma verdadeira abertura à teoria psicanalítica. Freud tensiona o conceito até seu limite e o coloca em questão, sem dar um fechamento nem uma síntese à tal hipótese. Tal hipótese é extraída sobretudo da experiencia clínica colhida da *compulsão à repetição*.

Desse texto, além de seu valor conceitual, podemos extrair o movimento da teoria psicanalítica que recolhe na experiencia clínica e, portanto, na escuta do inconsciente, todo o material possível para analisar o que vai de encontro e ao encontro de suas

---

[142] Id. p. 183.

hipóteses e assim, fazê-la circular, reconsiderar e marca-la por constantes aberturas.

Aliás, se pudermos adotar certa máxima em uma psicanálise freudiana, diríamos aos analistas algo mais ou menos assim: onde houver excesso de equilíbrio, escute o mais além...

REFERÊNCIAS

Aristóteles. **Poética**. Tradução, introdução e notas de Paulo Pinheiro. São Paulo: Editora 34, 2017.

Aristóteles. **A poética de Aristóteles**. Tradução e notas de Ana Maria Valente, prefacio de Helena da Rocha Pereira. Lisboa: Calouste Gunbenkian, 2007, cap. 6, p. 48.

Didi-Huberman, Georges. Invenção da histeria: **Charcot e a iconografia fotográfica da Salpetriere**. Tradução de Vera Ribeiro. Rio de Janeiro: Contraponto, 2015.

Breuer, Joseph; Freud, Sigmund (1895). **Estudos sobre a histeria**. In: *Obras completas*, volume 2. São Paulo: Companhia das Letras, 2016.

Freud, Sigmund. **Charcot** (1893) In: _____. Primeiras publicações psicanalíticas (1893-1899). Direção-geral da tradução de Jayme Salomão. Rio de Janeiro: Imago, 1976. (Edição standard brasileira das obras psicológicas completas de Sigmund Freud, 3).

Freud, Sigmund. **Sobre o mecanismo psíquico dos fenômenos histéricos: uma conferência** (1893) In: _____. Primeiras publicações psicanalíticas (1893-1899). Direção-geral da tradução de Jayme Salomão. Rio de Janeiro: Imago, 1976. (Edição standard brasileira das obras psicológicas completas de Sigmund Freud, 3).

Freud, Sigmund. **A hereditariedade e a etiologia das neuroses** (1896) In: ___. Primeiras publicações psicanalíticas (1893-1899). Direção--geral da tradução de Jayme Salomão. Rio de Janeiro: Imago, 1976. (Edição standard brasileira das obras psicológicas completas de Sigmund Freud, 3).

Freud, Sigmund. (1986). **A correspondência completa de Sigmund Freud para Wilhelm Fliess** 1887/1904 (V. Ribeiro, trad.). Rio de Janeiro: Imago.

Freud, Sigmund. (1919) **"Bate-se numa criança": contribuição para o estudo da origem das perversões sexuais.** In Neurose, Psicose, Perversão. Tradução de Maria Rita Salzano Moraes. Belo Horizonte: Autêntica Editora, 2016.

Freud, Sigmund. (1920) **Sobre a psicogênese de um caso de homossexualidade feminina.** In Neurose, Psicose, Perversão. Tradução de Maria Rita Salzano Moraes. Belo Horizonte: Autêntica Editora, 2016.

Freud, Sigmund. (1924) **O declínio do complexo de Édipo.** In Neurose, Psicose, Perversão. Tradução de Maria Rita Salzano Moraes. Belo Horizonte: Autêntica Editora, 2016.

Freud. Sigmund. (1923) **A organização genital infantil** In O Eu e o Id, "Autobiografia" e outros textos (1923-1925). Trad. Paulo César de Souza. São Paulo: Companhia das Letras, 2010. v. 16.

Freud. Sigmund. (1925) **Algumas consequências psíquicas da diferença anatômica entre os sexos** In O Eu e o Id, "Autobiografia" e outros textos (1923-1925). Trad. Paulo César de Souza. São Paulo: Companhia das Letras, 2010. v. 16.

Freud, Sigmund. (1931) **Sobre a sexualidade feminina.** In Amor, sexualidade, feminilidade. Tradução de Maria Rita Salzano Moraes. Belo Horizonte, Autêntica Editora, 2018.

Freud, Sigmund. (1933) **A feminilidade.** In Amor, sexualidade, feminilidade. Tradução de Maria Rita Salzano Moraes. Belo Horizonte, Autêntica Editora, 2018.

Freud, Sigmund. **Sobre a mais geral degradação da vida amorosa** (1912). In Amor, sexualidade, feminilidade. Tradução de Maria Rita Salzano Moraes. Belo Horizonte, Autêntica Editora, 2018.

Freud, Sigmund. (1940) **Compêndio de Psicanálise e outros escritos inacabados.** Tradução de Pedro Heliodoro Tavares. Belo Horizonte: Autêntica Editora, 2017.

Freud, Sigmund. (1915) **A pulsão e seus destinos.** Tradução de Pedro Heliodoro Tavares. Belo Horizonte: Autêntica Editora, 2019.

Freud, Sigmund (1900) **A interpretação dos sonhos.** Tradução de Paulo César de Souza. São Paulo: Cia. Das Letras, 2019.

Freud, Sigmund. (1915) **O inconsciente.** Tradução de Paulo César de Souza In Introdução ao narcisismo: ensaios de metapsicologia e outros textos (1914-1916). Trad. César de Souza: Companhia das Letras, 2010.

Freud, Sigmund. (1923) **O Eu e o Id.** In O Eu e o Id, "Autobiografia" e outros textos (1923-1925). Trad. Paulo César de Souza. São Paulo: Companhia das Letras, 2010. v. 16.

Freud, Sigmund. (1912) **Algumas observações sobre o conceito de inconsciente.** In Observações psicanalíticas sobre um caso de paranoia relatado em autobiografia ("O caso Schreber"), artigos sobre técnica e outros textos. Tradução Paulo César de Souza: Companhia das Letras, 2010.

Freud, Sigmund. (1912) **Recomendações ao médico para o tratamento psicanalítico.** In Fundamentos da clínica psicanalítica. Tradução de Claudia Dornbusch. Belo Horizonte: Autêntica Editora 2017.

Freud, Sigmund. (1925) **Nota sobre o "bloco mágico".** In O Eu e o Id, "Autobiografia" e outros textos (1923-1925). Trad. Paulo César de Souza. São Paulo: Companhia das Letras, 2010.

Freud, Sigmund. (1904) **Sobre a psicopatologia da vida cotidiana.** Tradução de Renato Zwick. Porto Alegre: LePM, 2019.

Freud, Sigmund. (1904[1905]) **O método psicanalítico freudiano.** In Fundamentos da clínica psicanalítica. Tradução de Claudia Dornbusch. Belo Horizonte: Autêntica Editora 2017.

Freud, Sigmund. (1910) **Sobre psicanálise "selvagem".** In Fundamentos da clínica psicanalítica. Tradução de Claudia Dornbusch. Belo Horizonte: Autêntica Editora 2017.

Freud, Sigmund. (1913) **Duas mentiras infantis**. In Observações psicanalíticas sobre um caso de paranoia relatado em autobiografia ("O caso Schreber"), artigos sobre técnica e outros textos. Tradução Paulo César de Souza: Companhia das Letras, 2010.

Freud, Sigmund. (1912) **Recomendações ao médico para o tratamento psicanalítico**. In Fundamentos da clínica psicanalítica. Tradução de Claudia Dornbusch. Belo Horizonte: Autêntica Editora 2017.

Freud, Sigmund. (1914) **Lembrar, repetir e perlaborar**. In Fundamentos da clínica psicanalítica. Tradução de Claudia Dornbusch. Belo Horizonte: Autêntica Editora 2017.

Freud, Sigmund. (1913) **Sobre o início do tratamento**. In Fundamentos da clínica psicanalítica. Tradução de Claudia Dornbusch. Belo Horizonte: Autêntica Editora 2017.

Freud, Sigmund. (1937) **A análise finita e a infinita**. In Fundamentos da clínica psicanalítica. Tradução de Claudia Dornbusch. Belo Horizonte: Autêntica Editora 2017.

Freud, Sigmund. (1919[1918]) **Caminhos da terapia psicanalítica**. In Fundamentos da clínica psicanalítica. Tradução de Claudia Dornbusch. Belo Horizonte: Autêntica Editora 2017.

Freud, Sigmund. (1920) **Além do princípio do prazer**. Tradução e notas Maria Rita Salzano Moraes; revisão de tradução Pedro Heliodoro Tavares. Belo Horizonte: Autêntica, 2020.

Sófocles. **Édipo Rei**. Traduzido diretamente do grego por Domingos Paschoal Cegalla. Rio de Janeiro: Bertrand Brasil, 2015.